成熟社会における組織と人間

碓井敏正

花伝社

成熟社会における組織と人間◆目次

序章　成熟社会——その本質、課題、人間——

成熟社会論の時代認識

いかなる運動も、一定の社会像を想定することがなければ、かりにその目的を達成することができても、社会の質を変えることはできない。たとえば改憲策動や原発事故によって触発される、護憲運動や反原発運動にしても、運動が持続的に社会に影響を与え、社会の性格を変えるには、平和主義にもとづく国家戦略や、原発のない持続可能な社会像によって根拠付けられる必要がある。

かつては社会主義が、そのような社会像としてイメージされてきた。しかし開発独裁的なソ連体制は、およそわれわれが目標とするような社会ではなかった。ソ連社会主義の経験は、市民社会の成熟を欠いた国家は、容易に抑圧的体制に転化するということを教えた。それゆえ、将来社会の具体的青写真が描けない現状では、現在の社会の積極的な側面（平和主義や人権、民主主義、公正な市場、環境的価値など）をさらに深化させること、そのような価値が定着した社会を中期的目標にする以外にない。その前提には、戦後の日本社会は課題を抱えながらではあるが、成熟の過程にあるという判断がある。

しかし左翼的、革新的立場に身を置いてきた者は、現在の日本社会を成熟社会の概念でとらえることに違和感を覚えるであろう。事実、貧困や格差は拡大しているし、ヘイトスピーチに象徴されるように、新たなマイノリティ差別が問題化しつつある。また現政権の歴史修正主義的傾向、集団的自衛権容認など平和憲法の理念を否定する動きを前にすれば、はたして日本は成熟社会に向かっているのか、という疑問が生じても不思議ではない。さらに国際社会を見れば、9・11のアメリカでのテロ事件以降、西欧社会とイスラム世界との軋轢が強まりつつある。その意味ではかつて、S・ハンティントンが『文明の衝突』（一九九八年）で述べた予想が、当たりつつあるようにも思われる。

しかし問題はこのような国内外の政治的動向を、歴史的な視点でどうとらえるかである。逆に問い返すならば、はたして日本は自民党改憲草案がもくろむように、戦前型の権威的国家に逆戻りするのであろうか。あるいは戦争ができる国づくりに成功して、帝国主義的再編を果たすのであろうか。たしかに、安倍政権の一連の政治戦略（戦後レジームからの脱却）を見ると、「戦前型社会に逆戻りするのではないか」という不安を感じる年配者が多いのも事実である。

しかし一方で、「そのようなことが起きるはずはない」と多くの国民が漠然としてではあるが、「確信」しているのも事実である。今後の日本の経済的安定が、平和的環境においてしか約束されないこと、またヘイトスピーチに多くの若者が惹かれるとしても、差別的価値が国民全体の考え方を支配するとは考えられないからである。それは平和主義や多様性を受け入れる文化が、市民社会に定着していることを意味している。成熟社会論の狙いは、このような「漠然とした確信」に根拠を与え、社会の成熟を加速させることによって、安倍流の歴史逆行的政治戦略に自信を持って対決する、社会的根拠を提供するところにある。ところでこのような認識の前提には、国家・政治社会と市民社会とを区別し、前者は後者から生じ、後者によって規定されるという、市民社会史観が存在する。

もちろん国際情勢については、別の視点が必要である。なによりも国や地域による、文化や価値観の違いが大きいからであり、また発展段階の格差が大きいからである。しかし国民社会における多様性を受容する文化が、国際社会における多様な文化に対する寛容さとつながっていること、また経済成長による中間層の成立が、市民社会の形成とその成熟の条件を提供することは、国の特殊性を超えた共通の傾向である。その意味で、国際社会もやがて成熟していくと考えるべきであろう。

現状では、ソ連体制の崩壊、覇権国アメリカの国力の低下、中国の台頭をはじめとする途上国の経済発展などにより、戦後の世界秩序は時代遅れになりつつある。そのため世界は混乱の度を深めているが、それは新たな世界秩序の生みの苦しみと見るべきであろう。経済や環境問題はじめ、さまざまなレベル、課題での各国の相互依存と協力関係の強化、文化やスポーツの交流、国連を中心とする人権擁護活動の発展などの時代の底流が、侵略や抑圧を許さず、多様性を重視する、新たな平和的世界秩序の形成を促している点を見逃してはならない。ＥＵの原点が、ヨーロッパにおける戦争の惨禍を繰り返さないことにあるように、人間は過去の歴史から学ぶ智恵を有しているのである。

成熟社会論の課題

以上述べたような成熟社会論の時代認識と狙いをふまえながら、その基本的課題を箇条的に整理しておくこととする。以下の課題に答えることが、本書を構成する各論文の役割である。

（1）成熟社会論は現状肯定の理論ではなく、現実の諸矛盾の有効な解決のために、近代市民社会の積極的な価値をさらに前進、深化させることを課題としている。そのため、歴史を逆行させる反動的な政治潮流との戦い（護憲運動など）を重要な課題とする。九条をはじめ憲法価値の現実化は、成熟社会の条件である。

（2）成熟社会論は個人の権利の実現や、民主主義の深化を課題とする点で、従来の形式的権利観や間接民主主義の見直しを求める。民主主義における熟議や参加を強調するのは、そのような観点からである。この課題は国家と個人の関係の新たな関係の構築を求めている。成熟社会論は個人の主体性と公共的役割を重視する点で、大きな国家による国民管理に反対する。福祉国家論もこのような観点から見直される必要があるし、また二〇〇〇年前後からの構造改革についても、この点からの正確な評価が求められる。これは新たな変革主体の形成を展望する上で重要な前提でもある。

（3）成熟社会論は、資本主義的市場経済の否定を性急に追求しない。市場経済とそのアクターである企業や消費者も、成熟の過程にあることを認識する必要がある。成熟社会は国家経済（第一セクター）や自由市場（第二セクター）に偏ることなく、非営利セクター（第三セクター）の役割を評価しつつ、各セクターのバランスを重視する。この認識の前提には、国家と市民社会の二元論を採用しないこと、市場経済も市民社会の要素としてカウントするべきである、という考え方がある。

（4）日本型企業主義や集団主義的文化は、日本における個人主義の成熟の障害となってきたが、個人の自立のためには、個人と組織、集団との成熟した関係の確立が強く求められている。またそれは組織の活性化にとっても重要な課題である。本書第Ⅰ部で、組織論に多くの頁を費やしているのは、そのためである。なおその背景には、高度に組織化された現代社会では、政党組織をはじめ組織の役割が非常に大きい、という認識がある。

（5）原発事故を含む環境問題の深刻化は、現在世代中心の近代システムと人間観の見直し、原発を含む環境政策への人々の参加を求めている。このことは、成熟社会論の環境論的視点からの再深化を求めることを意味している。この点は、第Ⅱ部第10章で重点的に論じた。

（6）成熟社会が一国で完結するものでないことは、二〇〇一年九月一一日のアメリカでの同時多発テロ以降の歴史が教えている。特に異なる文明との関係は、成熟社会の重要な試金石であり、イスラム世界と先進諸国との摩擦が激化している現在、この課題の考察を抜きにして成熟社会を語ることはできない。

その際に求められるのが、西欧的価値の相対化である。かつて9・11後のアフガニスタン攻撃にM・ウォルツァーが、またNATOによるコソボ爆撃にJ・ハーバーマスが賛成したことは、西欧の限界を示している。

（7）先進資本主義諸国における貧困と格差の拡大は、T・ピケティが『21世紀の資本』（二〇一四年）で分析したように、ますます拡大する様相にあるが、この矛盾の緩和は、（1）から（6）までの課題を前進させるための前提条件である。富の再分配を担保し得る民主的な国家と、格差拡大の要因である無秩序な競争に対する国際的なコントロールは、成熟社会の必須の条件である。格差の拡大は社会の成熟の最大の阻害要因であるだけでなく、いたずらに内外の矛盾を激化させるからである。その関係で言えば、急速なグローバル化は、平和的な国際秩序形成の障害になる危険性がある。

つけ加えていえば、これらの課題については、以下の著書においても仲間とともに、また個人的に論じてきたところであり、本書とあわせ参照していただけると幸いである。

碓井敏正・大西広編『格差社会から成熟社会へ』大月書店、二〇〇七年。
碓井敏正『成熟社会における人権、道徳、民主主義』文理閣、二〇一〇年。
碓井敏正『革新の再生のために』文理閣、二〇一二年。
碓井敏正・大西広編『成長国家から成熟社会へ』花伝社、二〇一四年。

日本社会の成熟の課題と組織論

成熟社会論の立場から、日本の社会を分析する際に留意すべきは、日本の資本主義の歴史的後進性である。社会の発展の一段階としての成長状態は、歴史的に進歩的な世界を切り拓いたが、同時にそれが資本主義的市場経済によってもたらされたため、効率や競争、利益本位が生み出す矛盾を伴っていた。特に日本の場合、戦前型農村社会から、戦後の都市型成長社会への転換が急激であったため、公害の蔓延や自然破壊、都市への労働力の急激な流入による、無秩序な都市化（東京一極集中）、さらには過度の競争教育と社会関係性の切断など、欧米型社会にくらべてもさまざまな矛盾を抱え込むことになった。成長の矛盾は、日本的特性によって倍化されたわけである。

この点は日本人の国民性の問題とも関係している。明治以降、国家主導の近代化が、権威主義的なイデオロギー統合（天皇制イデオロギー）を伴って行われたことにより、戦後の憲法体制下においても、個人主義文化が育ちにくかった。加えて、経済成長における企業の役割が大きかったため、人々の生活は企業をはじめ組織を中心に形成され、組織に依存する度合いが強かった（日本型企業主義）。

このような社会風土では、個人はその技能や職能によってではなく、特定の組織（会社）の一員として評価されることになる。大学の非常勤講師やフリーランスのジャーナリストの地位が低いのは、この点と関係している。組織の特徴は官僚制的位階構造にあるが、いわゆる「タテ社会」の文化が、戦後の日本人を長く支配してきた。そのため組織に忠誠を誓う、物言わぬ従順な権威的人間が尊重され、個性的な人間、自己主張をする人間は、組織からはじき出されるのが常であった。

組織中心の生活と意識は、政治・行政の世界をはじめ企業や組合などにおいて、さまざまな日本社会の後進性を形成した。ひとつの社会の歴史的発展段階は、立場や考え方の違いにかかわらずその基底において、相似的な社会構造と意識を生み出すものなのである。その点はたとえば、経営に対抗して個人の権利を護るべき労働組合が、組織内少数派や異論を抑圧し、封殺してきたことによく現れている。成長時代の日本は、組織の目的（成長）がすべてに優先する組織中心社会であり、その中で個人は組織の道具とされ、その生活や権利は、後回しにされてきたのである。戦後、憲法によって各種の人権が保障されたにもかかわらず、権利保障が名目的なものにとどまった最大の要因が、この点にある。

このように見ると、日本社会の成熟が、なによりも組織との関係で論じられるべきことがわかるであろう。本書の第Ⅰ部を組織論に当てた理由がこの点にある。

組織論の課題をここであらかじめ述べておけば、それは第一に、大勢順応主義、権威主義から個人の自律性を守り活かすこと、第二に、個人の自律性と組織の目的とを接合する新たな組織論を構築すること、第三に、現実に即応できる、柔軟な自己革新的システムを構築することである。これらの課題が重要なのは、現代は組織化社会であり、組織が社会を動かしているという厳然たる現実と、組織や集団は人間の社会性を育てる重要な場でもある、という事実があるからである。

個人の自律性と個性を尊重した新たな組織の形成を展望することは、革新組織を含め組織の成熟と発展にとって、さらには日本社会全体の成熟のキーワードであることを確認しておかねばならない。

成熟社会の目標はリベラルな社会か

本書の第Ⅱ部においては、成熟社会における人間の問題を主として論じている。その理由は、社会の成熟にとって人間の成熟が非常に重要だからである。憲法で権利や民主主義が保障されていても、それが人々の生活上の価値として定着していなければ、政治状況に応じて容易に空文化するからである。その意味では憲法原理の人々の価値観への定着が、成熟社会の重要な条件であることを改めて確認しておきたい。

それでは憲法原理の市民社会的定着が、成熟社会の最終的目標と考えてよいのであろうか。答えはノーである。というのは、近代憲法は人権規定を基本としているが、権利保障だけでは人々の幸福は約束されないからである。人権保障社会は人への気遣いに欠け、自己の利益の確保にのみ汲々とする殺伐とした社会と両立可能である。ところがリベラリズムにおいては、幸福や道徳は個人の問題とされ、それに言及することには禁欲的である。リベラリズムや立憲主義の主眼は、国家をはじめ他人の干渉を極力排除することにあるからである。他者に危害を与えないかぎり、自由は最大限保障されるべきであるという、J・S・ミルの「他者危害の原則」がその特徴をよく表している。

成熟社会の性格を考える上で、権利概念の特徴を理解しておくことは重要である。もともと権利はマルクスが批判したように、他者との排他的な区別を前提としている。このような権利の前提にある人間観は、人間を自己保存を本質とする利己的で非政治的な存在ととらえ、社会(自然状態)を「万人に対する万人の闘争」の場ととらえたホッブズの思想にまでさかのぼることができるが、これが人間の一面しかとらえていないことは言うまでもない。

アリストテレスは「人間は社会的動物である」と規定したが、共同的、社会的存在としての側面は人間のもうひとつの本質であり、それは具体的には、社会やコミュニティとの関わりと、そこにおける責任や義務として現れる。親は子供の養育の責任を負い、子育てに喜びを見出すように、各人がそれぞれの責任や義務を果たすことによって社会は成り立ち、また人々はそのことに喜びを見出すのである。このように考えれば、権利概念で人間の全体像をとらえることはできないことがわかるであろう。もちろん責任を果たす上でも、権利の保障が重要であることを確認しておかなければならないが。

しかしすでに述べたように、憲法ではその性格上、義務規定は最小限にとどめられている。M・サンデルは、道徳を語ることに禁欲的なリベラルの姿勢が、保守的な質の悪い道徳をはびこらせたと批判するが、われわれは国家に道徳を語らせないために、また民主主義の実質化や市民社会の成熟のために、大いに責任や道徳を語らねばならない。

権利と社会関係との関連については、自己決定のあり方の問題として、第Ⅱ部第8章、第9章で論じたところである。個人の自律や自己決定は、他者から切り離された関係において、よりよくなされるわけではない。個人はもともと、それほど強い存在ではないのである。もちろん他者の干渉や強制が、自己決定をゆがめることは事実であるが、他者との関係性において、よりよい判断がなされることも確認しておかねばならない。

最後につけ加えるべきは、政治的、社会的関係とは別の意味で、近代個人主義が、その限界を厳しく問われているという点である。第10章で述べるように、環境問題が人類の生存にかかわることを考えるならば、成熟社会は「持続可能な社会」として、また成熟した人間は「持続可能な人間」として再定義されなければならない。成熟社会の課題は広くまた深いのである。

第Ⅰ部　成熟社会における組織と運動

第1章　時代にこたえる組織と運動——経営組織論から学ぶもの——

1　成熟社会と組織改革

右派の台頭と戦後革新

歴史修正主義者・安倍晋三首相による「戦後レジームからの脱却」路線は、憲法解釈の変更によって集団的自衛権を容認し、なし崩し的に国の基本的形を変えるところまで来ている。また右派ポピュリズムを代表する「維新の会」（現在「維新の党」）が台頭すると同時に、戦後はじめて極右政党（次世代の党）が出現した。これらの新たな政治勢力は、自民党政治を補完、補強しながら、日本の政治の右傾化に貢献している。

一方、戦後の平和と民主主義の伝統を継承し、このような傾向と対峙すべき民主的野党勢力はどうであろうか。社民党は国会両院でわずか数名の議員を要する勢力へと後退し、共産党も二〇一四年一二月の総選挙で躍進したとはいえ、各種のデータを分析すれば、選挙民が政権を託せる政党として積極的に支持したとは言いがたい。民主党についてみれば、総選挙後に新たな代表（岡田克也）が選出されたが、その基本的政治路線すら定まっていないのが現状である。

このような政治状況に至った原因を歴史的にとらえるならば、ソ連体制崩壊以来の社会主義の権威の失墜、ゼロ成長下における厳しい経済環境など、国際的要因を含めさまざまであるが、その一つに、戦後の革新勢力が時代の変化への対応に立ち遅れ、統一の努力をなおざりにしたことによって、多くの国民の期待に応え切れなかったことがある。本章はこのような問題意識から組織固有の矛盾をふまえ、革新組織と革新運動が今後活性化し、真に国民多数の期待に応えるために何が求められているのかを、経営学や経営組織論の知見にも学びながら、追究することである。

ところでなぜ政党にとって、組織のあり方が重要なのであろうか。その理由は以下の点にある。政治組織のあり方は、一般の組織とは異なった性格を有している。というのは、政党は市民社会的組織であるが、国家権力をめざす点で、市民社会と国家とを媒介する準公的な組織であり、その点で、他の市民社会的諸組織とは決定的に異なっているからである。それだけに政党組織のあり方、組織内民主主義のあり方が厳しく問われることになる。かりに政策内容が民主的であっても、組織運営において民主主義が実質的に機能していなければ、国民はそのような政党に政権を託す気にはならないであろう。国家権力は国民を支配する最強、最大の力だからである。

ところで以上の問題意識の背景には、革新勢力が組織や運動の面で自己革新を行い、時代にふさわしい組織論と運動論を確立するならば、ふたたび活性化し、日本の将来に大きな影響力を行使できる、というわたしの個人的確信がある。というのは、すでに述べた日本の政治の右傾化は軽視すべきではないが、必ずしも市民社会の実態を反映しているとは言えず、むしろ戦後の日本の市民社会はマクロ的に見れば、序章で述べたように、平和主義や人権感覚、民主主義意識の点で、成熟の度を深めていると考えられるからである。

このことは憲法原理の定着を意味している。事実、各種の世論調査を見ればわかるように、安倍政権による戦争のできる国づくりや、そのための立憲主義否定、権利抑圧路線に対する国民の反発、不安は大きく、現在の右より政治再編が国民多数の支持を得ているわけではない。問題は既成政党に対する不信と、市民社会の成熟に見合う政党と政党間協力の不在が、結果的に右派勢力の台頭に手を貸している点にある。

市民社会の成熟

以上の事実は、政治の世界と市民社会との間に大きなズレがあることを示している。そのズ

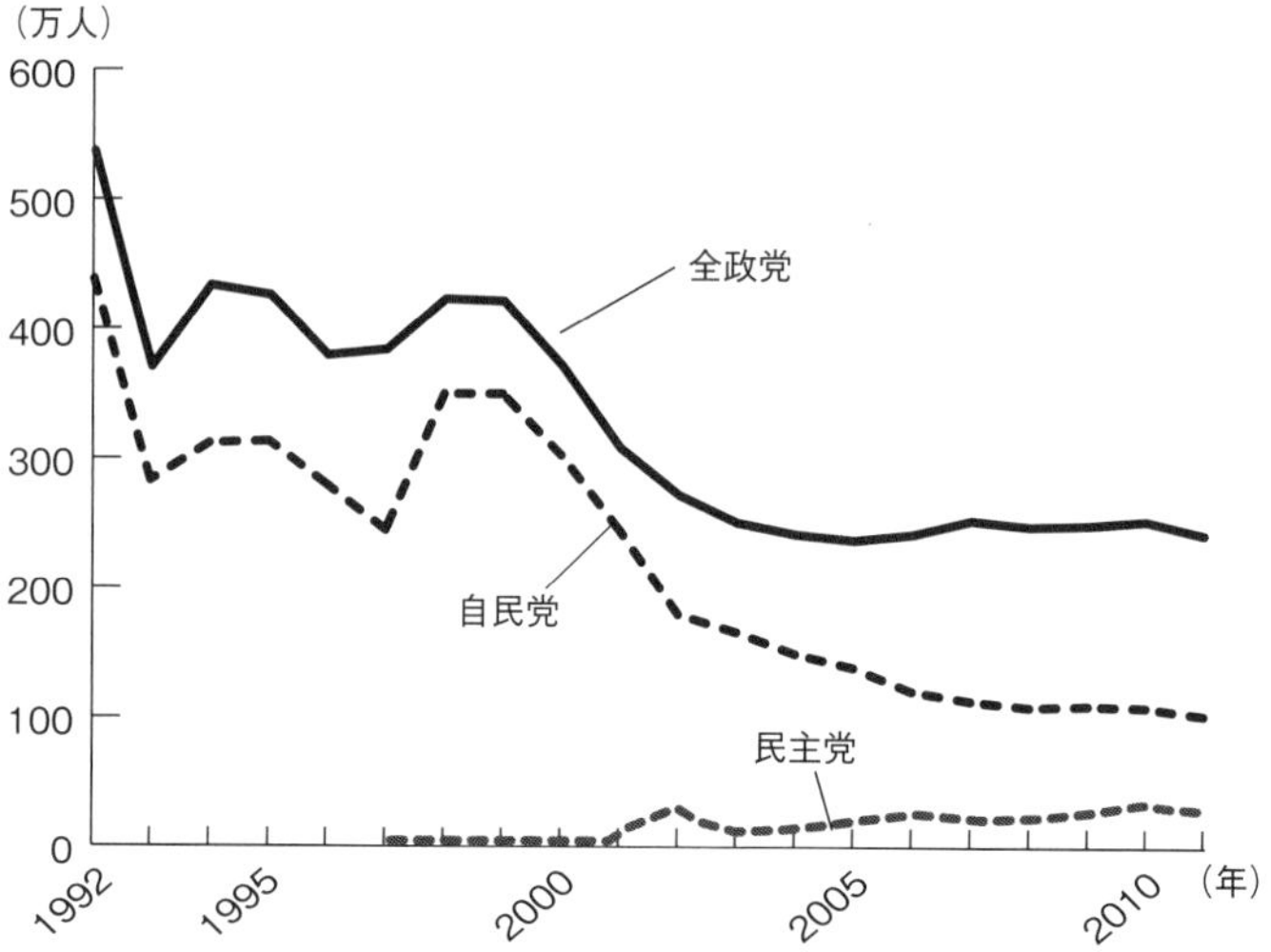

図1　党員数の変化

注）自民党の党友、社会党の協力党員、新進党の賛助党員、民主党のサポーターを含む。
出所）中北浩爾『現代日本の政党デモクラシー』岩波新書、2012 年。

レは、政治社会から市民社会が自立しつつあることによって生じたものであるが、その背景にあるのは、成長本位、組織中心の価値観からの転換であり、市民社会における自立的判断主体形成の傾向である。その要因は経済のゼロ成長化に伴う利益誘導型政治と自民党一党支配体制の終焉によるところが大きい。業界や組合の集票組織としての役割が低下し、政党が市民社会の中に有していた組織的支持基盤は脆弱化した。そのことは図1にあるように、すべての政党を通して党員が減少したという事実として現れている。

　逆に、政治意識の高い無党派層が拡大したが、彼らの意識を支配するのは個人主義文化であり、人権感覚や参加意識である。反原発の大きな流れを作ったのは、このような市民の考え方の変化であるが、それは社会的諸矛盾を市民社会的結社（NPOなど）によって、みずから解決していこうとする傾向として現れている。このような傾向は、国家セクター（第一セクター）や市場セクター（第二セクター）に対して、非営利の第三セクターが、その比重を増していることと相即的である。その意味で、国家や政治家依存の「おまかせ民主主義」「観客民主主義」は、過去のものになりつつあると考えてよい。

ところでこのような時代の変化の背景には、経済、政治、文化などの各レベルで、国家中心の政策がさまざまな矛盾を来たし、社会の現実にそぐわなくなっているという現実がある。J・ハーバーマスは社会国家化した現代国家の福祉や教育などにおける管理主義を批判し、コミュニケーションによる公共空間の復権を説いたが、このような主張がリアリティを増しつつある。日本でも「新しい公共」といった概念が現れたことは、この点と関係している。

市民社会力の強化の傾向は、地域における自立の要求などとして、各レベルで現れているが、近年においてその典型として上げることができるのは、地域の特色を生かしたまちづくりの運動である。それは経済、福祉、文化、環境など実に多岐に渡っている。もともと国家は、地域の具体的課題に対応するには、大きすぎて不効率であり、地域市民社会の力を借りないわけにいかないのである。

なかでもエネルギー改革を軸とするまちづくりは、国家と地域との関係の変化を求めている点で興味深い。原発は巨大な資本と国家の支援がなければ可能とならないのに対して、地域の力によって小規模のエネルギー供給は可能である。事実、各地でエネルギーの地産・地消化（太陽光発電や風力発電など）が進んでいる。これはエネルギーコストの削減によって、日本経済の活性化に貢献する道でもあるが、これをさらに前進させるには、エネルギー政策の地方分権化（発送電分離などの規制緩和を条件とする）と参加、それも事業リスクを伴った責任ある参加が必要である。このような傾向の進展が、市民社会の成熟の内実をなしている。

　歴史的視点に立つならば、このような傾向はマルクスが描いた共産主義の究極的課題、すなわち国家的諸機能の市民社会への再吸収の課題として位置づけることができる。たとえば教育は、もともと市民社会的業務（たとえば明治維新期の京都の番組小学校）であったが、明治維新以降、教育権が国家に吸い上げられ、そのことにより、国家に都合のよい皇民化教育が、可能となったことを思い起こす必要がある。

成熟社会の座標軸

　ところで重要なことは、このような市民社会の成熟傾向が、従来型左翼の発想の転換を求めているという点である。この問題を図2の座標軸を参考に考えてみよう。成熟社会では政治的な左右の対立（ヨコ軸）だけでなく、国家と市民社会の関係（タテ軸）が重要な意味をになうようになる。行政において住民自治の具体化や、すでに述べたまちづくりへの参加が問われるのは、タテ軸においてである。従来の左翼は、もっぱら社会主義権力の樹立に課題を収斂させたため、このタテ軸に対する問題意識が弱かった。もちろん貧困・格差の拡大など富の再分配をめぐる問題は、ヨコ軸に属する課題であり、この課題が市民社会の成熟を左右する点で、重視されるべき課題であること、また国際関係の方向性や憲法はじめ、国の基本的姿を決める上で国家権力のあり方が重要であることは、言うまでもない。

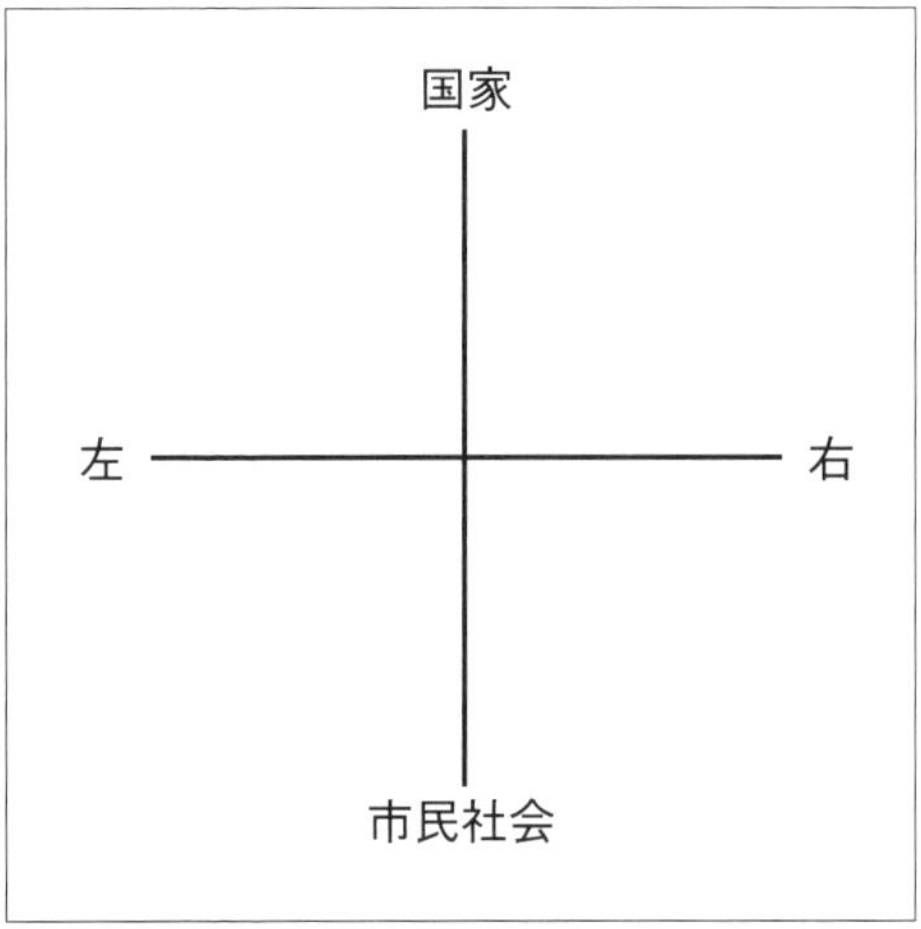

図2　成熟社会における二つの軸

しかし国家による社会政策を有効に展開する上でも、市民社会組織の役割が大きいことを確認しておく必要がある。国家中心の福祉政策は、不効率であるだけでなく、管理主義に堕す傾向があるからである。そもそも市民社会的ネットワークに媒介されなければ、貧困問題だけでなく、多くの社会的矛盾の解決はむずかしい。貧困はたんなる経済的問題ではないからである。加えて、富の分配に関しては、国家による再分配以前に、市民社会レベルでの分配、すなわち労使間の労働分配率や、正規と非正規の労働者間における分配

（ワークシェアリングを含む）、あるいは男女間の分配（ジェンダー問題）が重要であることも、確認しておかなければならない。

ところでヨコ軸を支配するのは、「どのような勢力が権力を握り、支配するか」という問題意識であるが、一方、タテ軸を支配する問題意識は、「誰がどのように統治するのか、市民社会はどの程度まで、公的業務をになうべきか」という問題意識である。じつは後者の問題意識は、前者の問題意識（ヨコの対立軸）にも深く影響している。というのは右より政治現象は、孤立した個人の政治に対する不信をバネに生じる傾向があるが、政治的決定が一部の専門家・特権層によってではなく、多くの市民が参加することによって、また公的業務に多くの市民が参加することによって、市民が政治的業務の当事者になれば、政治不信を理由とした右派ポピュリズム台頭の根拠が失われることになるからである。このことは市民社会的諸力の拡大（タテ軸の変化）が、右翼的ポピュリズムの抑止力になること、すなわち左右の勢力関係を変えることを意味している。

この点は近年の社会関係資本の研究が、傍証するところでもある。R・パットナムによれば、社会関係資本（Social Capital）の豊かな地域は民主主義がよく機能するという。また最近の研究では、社会関係資本の影響は、健康や教育などに幅広く現れることが明らかになっている。これは言い換えれば、社会関係資本が豊かな地域は、人間の信頼関係が厚く、変革主体の形成にとってよい条件を提供していることを意味している。

新たな組織論・運動論の要請

このような時代には、上意下達的な動員型運動論は通用しない。人々はみずからの自律的判断に基づいて、政治的選択を行うようになるからであり、参加や討論の過程で、人々の価値観の多様性を尊重することを学ぶからである。そのため当然のことながら、人々はみずからの生き方や自由が制約される組織（特に特定の教条に支配された教団や政党）との関わりに慎重になる。

この点と関わって、宗教学者の島田裕巳氏は、創価学会の現状を分析しながら、面白い考察をしている。個人化が進む現代社会では創価学会の賞味期限は切れかかっている。しかし、創価学会が日本社会の中で大きな力を持っているように見えてしまうのは、他の集団や組織がそれ以上に形骸化、弱体化しているからであるという。ところで島田氏は、創価学会が現在の危機を乗り越え、成熟した宗教団体として社会的な責任を果たそうとするなら、国民全体に受け入れられる組織を作ることとしかない、と結論付けている。

ところで組織革新の課題が重要であるのは、当然のことながら、政党組織の役割が相変わらず重要だからである。この点について、改めて確認しておこう。高度化した現代社会では、社会的目的を達成するには組織を作り、組織を通して行う以外ない。議会制民主主義が政党に媒介されて、はじめて機能すること、すなわち民主主義が政党組織抜きには考えられないことを考えるならば、政治的世界における政党の重要性がわかるであろう。また政治が国民国家を単位としており、基本的課題が最終的に政治に収斂される現状では、個別課題に限定された市民運動、住民運動は一過性的で限界があり、その意味で、政権を担いうる全国政党の役割が相変わらず大きいことは、疑いのない事実である。それだけに、政党の組織的成熟が求められるわけである。

以上の点は、参加概念の再考を促している。というのは参加を有効なものにするには、以下の点への配慮が欠かせないからである。一つは、政治が国民国家という大きな単位で行われているため、代表者（議員）を通した間接的参加の原理を、民主主義の原理として残さざるを得ないという点、もう一つは、市民の参加意識の限界である。読売新聞社が裁判員制度（司法への参加）に対する意識調査を行ったところ、「制度を継続すべき」と答えた人が七四％に対して、「参加したくない」という回答者が七九％に上ったというが（二〇一四年六月）、参加の意義を認めつつもみずからが当事者となることに躊躇するのが、参加意識の現実であることも否定できない。

このような点をふまえるならば、A・O・ハーシュマンが図式化した、「参加」と「離脱」の適切な関係付けが改めて重要な課題となる。かれは主として参加を「政治の原理」として、離脱を「経済の原理」としてとらえたが、政治においても参加原理と離脱原理との適切な接合、具体的には、地方議会と住民参加との有機的関係の模索などが求められるのである。

2　経営組織論から何を学ぶか

成熟した組織論、運動論のために

　組織は社会生活を営む者には、いわば空気のような存在として、対自化しにくい存在であり、そのことが組織の研究を遅らせてきた。経営学者のD・マグレガーは、今日のアメリカの生活水準、教育水準、技術の進歩が、組織のあり方に大きな影響を与えているにもかかわらず、古典的組織論はこの点を無視していると述べている。しかもかれがこのことを強調したのは、半世紀以上前の話である。それ以降、情報化やグローバル化の進展、市民社会の成熟など、時代がさらに大きく変わったことは説明を要しない。

　ところで組織論が、社会学や政治学では官僚制の問題として論じられてきたことは周知のとおりであるが、近年では、経営学（経営管理論、経営組織論）の重要な研究テーマとなっている。時代に即応した組織の確立は、企業の存続に関わるからである。経営組織論は主に企業を対象とした研究であるが、組織一般がこの研究から学ぶ点は多い。企業はその性格上、環境（市場）への機敏な反応がもっとも問われる組織だからであり、しかも組織の環境への適応は簡単な作業ではないからである。もともと組織が環境の変化に自動的に適応可能であれば、組織論など必要ないであろう。

現実には組織は固有の法則に支配されており、いったん成立すると、組織自体の維持、拡大などが自己目的化することによって、本来の目的が忘れられるだけでなく、環境の変化に立ち遅れることにより、さまざまな矛盾を生み出す傾向がある。行政組織で言えば「省益あって国益なし」というのが、そのよい一例である。特に組織が肥大化すればするほど、その傾向は強くなる。またこのテーマは独自の分析を要するのでここでは論じないが、組織中心の発想が、他党派との協力、共同の妨げになりやすいという問題も重要である。

この点は企業のような営利組織から、宗教団体のような組織まで、組織の目的や性格は異なっても、共通の傾向と考えてよい。しかし社会や個人の成熟とともに、組織が変わらざるを得ないのも事実である。働く者の権利や自然環境への配慮を無視した企業が、長い目で見れば生き残っていけないように、組織も社会の成熟に歩調を合わせていかざるを得ない。近年、企業はコンプライアンスやCSR（企業の社会的責任）、ステークホルダー（利害関係者）論などにあるように、社会的責任の自覚がみずからの存続にとって、決定的に重要であることを理解し始めているのは、そのような理由からである。

自己革新型組織への脱皮

組織改革のキーワードは、自己革新型組織の構築である。現代は変化の激しい時代であり、

政治市場	政党——	政策——	選挙民
	＝	＝	＝
経済市場	企業——	商品——	消費者

図3　政党と企業のアナロジー

その変化に対応できない組織はやがてこの世界から退場を迫られることになる。そうならないためにまず求められるのが、時代の変化に応じて、そのアイデンティティに関わる部分を大事にしながらも、みずからをいかに改革できるかである。企業はその点ではわかりやすい。企業はその活動の結果が営業成績として明確に現れるために、市場の動向に応じて変化できるか否か、すなわち市場のニーズに応じて新しい商品の開発や組織体制のチェックが、つねに求められるからである。そのために必要であれば、企業は民主主義（参加）を組織の中に取り入れることを躊躇しない。民主的参加は従業員の組織への帰属心と当事者意識を高めることにより、やる気を引き出すからである。

　ところで企業と政党とは、その目的はともかく、経済市場と政治市場という異なる場においてではあるが、似たような関係にあることに注意しなければならない。かつてJ・シュムペーターは、政党と企業とを図3のような関係においてアナロジカルにとらえた。その後、合理的選択論の立場から、A・ダウンズが競争的政党民主制をとらえなおした。その前提となる人間像は、自己利益の最大化をめざして合理的に選択する存在である。

このような図式が一面的であること、またすでに述べたように、参加をキーワードとする成熟社会における政治のあるべき姿と異なることは言うまでもない。この点はC・B・マクファーソンが、均衡的民主主義批判（参加民主主義に対して）で論じたところである。さらに現実の政治が、そのような形で機能しているのか（マニフェスト選挙が一時ブームになったが）という問題もある。しかし政策を媒介とした選挙民と政党との契約モデルは、すでに述べた政治における離脱原理の現実化でもあり、固定支持者の減少と無党派層の拡大が、このようなモデルのリアリティを高めていることも事実である。この点に、政党が企業活動から学ばなければならない理由がある。

政党組織の構造力学

ところで市場の動向は、トップよりも組織のボトムに位置する従業員の方がよく把握しているものである。戦況について中央の司令部よりも前線の兵隊や現地の司令官の方が、よりよく把握しているのと同様である。このことは現実に近い下部のメンバーの情報を効率よく吸い上げる、組織のボトムアップ機能が重要であることを意味している。企業においてネットワーク型組織や事業部制が追求されるのは、この点と関係している。もちろん特に改革期においては、リーダーによるトップダウンが重要であることも否定できないが。

一般の組織は、特に行政組織はその典型であるが、企業にくらべ環境適応に敏感ではない。

その理由は言うまでもなく、環境適応を怠っても組織が消滅することがないからである。政党組織の場合はどうであろうか。政党も同様に、政治市場の変化、選挙民の意識に敏感でなければならないはずである。しかしこのような環境適応をはばむ、組織の構造的力学が存在することに注意しなければならない。具体的に言えば、それは官僚制の矛盾である。第2章で論じるように、現代の組織において官僚制を否定することはできないが、変化の激しい時代には、官僚制の負の側面に対する注意が必要なのである。

政党組織の二重構造

自己革新型組織のあり方を考える際にふまえておくべきは、政党と企業との組織構成上の重要な違いである。企業は労使や職階の違いがあるとはいえ、構成員はその生活の基本的な部分を企業に関わって生活している。一方、政党の場合、専従幹部や議員はその生活を組織に大きく依存しているが、一般党員はそれぞれが独自に職業生活を営んでおり、活動への参加は限定的である。ここに政党組織の二重構造がある。その点では政党は、聖職者と一般信徒からなる宗教団体に似ているということができる。この点にこそ、かつてR・ミヘルスがドイツ社会民主党を例に分析したように、組織内専従幹部の個別的利害の発生と組織内民主主義の形式化、またそれに基づく寡頭制など、さまざまな矛盾を生み出す要因がある。この矛盾は専従者集団の、一般党員に対する割合が高くなればなるほど、大きくなると考えられる。

この問題は組織固有の客観的な矛盾であり、人間性やイデオロギーの問題に解消することはできない（革新組織の専従者に人格的に優れた人物が多いことは事実であるが）。ミヘルスの分析に対して、ブハーリンは社会主義による経済水準の向上によって、新しい階級成立の基盤（少数者支配）はなくなり、また文化水準の高まりによって、少数者支配の根拠となる大衆の能力不足もなくなると反論していたが、その後のソ連の歴史を見れば、それがいかに楽観的な見解であったかがわかるであろう。

したがって自己革新型組織を構築する上でまず求められるのは、このような組織の抱える矛盾を冷静に見つめる科学的視点である。それが時代の変化に適応し、組織メンバーの活動の動機を重視する、成熟した組織づくりの出発点になるからである。

最近の経営組織論から

自己革新型組織を構想する上で、経営組織論の近年の議論から、学ぶべき点をいくつか付け加えておこう。ひとつは「創造的組織革新論」である。これは複雑な環境に長期的に適応していくために、企業のうちに矛盾する組織特性を併存させ、経営戦略形成の際に状況に応じて、両者をうまく使い分けるやり方である。経営学者の河合忠彦氏は、この方法を「創発的戦略形成プロセス」と名づけ、このような組織を実現することを「戦略的組織革新」と呼んでいる。

企業組織の戦略形成はトップが戦略を立て、それを下位組織に下ろしていくプロセス（包括的戦略形成プロセス）が一般的であるが、これに対して、トップとは関係なく、下位組織が生き残っていくために、必死の努力（戦略行動）を行い、その結果として、企業の進むべき方向が事後的、結果的に決まっていくやり方がある。特に市場環境が流動的で厳しい状態では、このような方法が効果を発揮する。なお後者の方法が機能するためには、下部の構成員が自律的に行動することが動機付けられていること、また上部の干渉や阻害要因がなく、それを許す企業風土や報酬システムなどが必要である。いずれにしろこれは、一定の戦略を前提とした、ボトムアップやトップダウンの組み合わせを超えた、より創造的な組織経営のあり方と見ることができる。

官僚的に編成された組織では、このような創発的戦略形成プロセスを欠いているのが常態であろう。その結果、現実対応が遅れ、組織の衰退を早めることになる。企業に限らずどのような組織であれ、現実に有効に対応するためには、一見矛盾する要素や戦略プロセス（中央集権制と分権制、包括的戦略形成プロセスと創発的戦略形成プロセスなど）を組み合わせ、活用させることが求められている。

もうひとつの議論は、M・フォレットの「共生経営論」である。フォレットは一〇〇年近く前の女性経営学者であるが、対立を重視し、対立と統合によるいわば弁証法的展開を重視する彼女の経営論は、近年、一部の経営学者の間で再評価が進んでいる。

議論と異論の重視

いったん成立した組織とその文化が、容易に変わらないことは、組織の現実対応をはばむ最大の要因である。経営学はこれを「組織慣性」という概念によって説明するが、そのような傾向を生む理由のひとつに、政治的制約がある。それは新しい分野への進出は、組織内資源の再配分を伴うため、既存の部門の抵抗が生じるからである。それにもともと人は変化を嫌うという側面もある。しかしこのような組織の傾向や人間の保守的性格を打破しなければ、時代の環境に即応した成熟した組織づくりは可能とならないであろう。

組織は変わりにくいとしても、組織改革の手始めとして、その気になれば比較的容易にできることがある。それは自由な議論を重視すること、特に少数意見や異論を尊重することである。自由で個性的な発言や行動が、組織の中でどれだけ許されるか、そのような組織文化をどれだけ形成できるかが、市民社会の成熟を反映した組織改革の第一歩になる。もちろん政治組織の性格上、議論の幅におのずから制限があることは言うまでもない。しかし現代のように不透明で複雑な時代においては、いかなる組織であろうとも、組織内に異論が存在しないということはありえない。逆に、異論がないことは、現実を正確にふまえていないと言うこともできる。

P・F・ドラッカーは経営学的観点から、企業の意思決定における第一の原則として、「意見の対立を見ないときには決定を行わないこと」を上げている。その理由は意見の対立を促すことによって、不完全でまちがった意見によってだまされることを防ぐためである、という。

安易な全員一致の決定ほど無内容で、危ういものであることを経営学者はよく知っているのである。

安易な全員一致は、組織の求心力を弱めることになる。そのような慣行が支配する組織が、所期の目的を達することはむずかしい。人々は討論を通した参加によって、当事者意識と活動の動機を獲得するものであるが、それが欠けているからである。マクレガーは目標が達成されにくく、うまく機能していない集団の特徴をいくつか上げている。それは大変興味のあるものなので、以下に列挙しておこう。「少数の人間が議論を牛耳ろうとする」「リーダーシップは明らかに委員会の議長がにぎっている」「アイデアは無視される」「意見の不一致をうまく処理できない」「個人的な感情を公に発散させないで、内に秘める」。ところでこのような現象が現れる最大の理由は「相克や敵意を一般に恐れるからである」という。かれはこの種の集団の方が圧倒的に多いと考えているが、その理由は集団をうまく動かすためにどんなことが重要であるかが、ほとんどわかっていないから（わたしの言葉で言えば、組織論を欠いているから）であるという。

自由主義原理の再確認

異論の存在は、討論継続のための重要な条件であるが、権威主義的文化が支配する組織では、組織の方針からの偏差を極小化する力が必要以上に働くため、組織構成員が異論を唱えることに大きな勇気が要る。したがって異論による討論を成立させるにはさらに条件が必要である。すなわち異論を尊重する、寛容な文化の存在が必要である。しかしこれだけでは不十分であろう。というのは、異論は認められるが、異論が組織の決定に影響を与えることはないからである。異論の容認は場合によっては、ガス抜きの手段になるであろう。それ故さらに別の条件が必要である。それは異論への同調者の存在である。

同調者の存在によって議論が活性化し、議論を反映した方針変更を含む実質的決定が可能となる。そう考えると、決定過程の民主化（現実の科学的反映の条件）だけでなく、メンバーが活動の十分な動機付けを得るためにも、以下の三つの条件が必要であることがわかる。すなわち、①異論の存在、②異論を尊重する組織文化の存在、③同調者の存在、である。

しかし考えてみれば、民主主義は多数決による決定の原理であり、以上のような条件を、民主主義が必ずしも必須とするわけではない。討論なしでも民主主義は成立するからである。この問題の根本には、民主主義と議論との位相の違いがある。もともと討論は、自由主義的原理において成立する。この点は民主主義（決定）と議会主義（討論）が、その出自を異にすることが教えている。議会制民主主義とはその意味で、異質な概念を組み合わせたものであり、緊張関係にあることを確認しておこう。

しかし冒頭で述べたように、自由主義的原理を尊重しない組織は、成熟した市民社会に受け容れられないことも事実なのである。自由主義原理をどのようにして組織の中に制度的に組み入れて行くのか、このような科学的問題意識と、組織論的工夫の成否が政党組織の将来を決めることになるのである。

《参考文献》

碓井敏正・大西広編『成長国家から成熟社会へ――福祉国家論を超えて』花伝社、二〇一四年。

碓井敏正『革新の再生のために』文理閣、二〇一二年。

碓井敏正『成熟社会における人権、道徳、民主主義』文理閣、二〇一〇年。

J・ハーバーマス『コミュニケイション的行為の理論』（上・中・下）未來社、一九八五〜八七年。

R・パットナム『哲学する民主主義』NTT出版、二〇〇一年。

中北浩爾『現代日本の政党デモクラシー』岩波新書、二〇一二年。

小熊英二『社会を変えるには』講談社現代新書、二〇一二年。

島田裕巳『創価学会の実力』朝日新聞社、二〇〇六年。

A・O・ハーシュマン『離脱・発言・忠誠』ミネルヴァ書房、二〇〇五年。

D・マグレガー『企業の人間的側面』産能大出版部、一九八八年。

藻谷浩介他『里山資本主義』角川oneテーマ21、二〇一三年。

J・A・シュムペーター『資本主義・社会主義・民主主義』東洋経済新報社、一九九五年。

R・ミヘルス『現代民主主義における政党の社会学』木鐸社、一九九〇年。

C・バーナード『経営者の役割』ダイヤモンド社、一九五六年。

J・H・ボイエット、J・T・ボイエット『経営革命大全』日本経済新聞社、一九九九年。

桑田耕太郎・田尾雅夫『組織論』有斐閣アルマ、二〇一〇年。
A・シャフ『社会現象としての疎外』岩波書店、一九八四年。
P・F・ドラッカー『マネジメント』（上・中・下）ダイヤモンド社、二〇〇八年。
河合忠彦『戦略的組織革新』有斐閣、一九九六年。

第2章　組織と人間の問題——革新組織再生の条件——

1　組織化社会

政党抜きの政治活動や企業抜きの経済活動が考えられないように、現代社会が組織によって成り立っていること、政治や経済だけでなく、教育や医療、市民活動など各領域の活動が、組織を通して行われていることは、誰もが認める事実である。その意味で、現代社会は組織化社会、しかも高度に組織化された社会であると言うことができる。しかし一方で、組織はさまざまな矛盾の源泉でもある。そのような組織の矛盾を、わたしはみずからが身を置いてきた大学を含めて概括的に論じたことがある。(1)本章では、組織の矛盾の分析をふまえ、組織が本来の役割を果たすために、何が求められているのか追究しようと思う。その意味で、本章は組織論研究の序論である。

組織を論じる前に、わたしなりに組織の簡単な定義を与えておこう。さまざまな見解をふまえるならば、「組織とは単なる集団とは異なり、一定の目的を効率的に達成するために、複数の人間が形成する分業や管理を含む協働関係である」と規定することができる。本章の課題は、このような組織がなぜ本来の目的から逸脱するのか、また組織構成員の協働関係がなぜ疎外状態に陥るのかなどを分析し、これらの矛盾を最小限に抑え得る組織編制を構想することである。

ところで組織の矛盾はこれまで、もっぱら企業の問題、すなわち営利追求に関わって論じられてきた嫌いがある。その背景には、企業活動が社会活動の主要な領域であるという以外に、以下のような先入見ともいうべき「常識」がある。それは「組織が悪事を働くのは、営利を求めるからであり、したがって、営利を追求しない組織は悪事を働かないはずである」というものである。組織論の学問的研究の遅れは、組織の矛盾を企業の問題に限定してきた、このような「常識」から来ていると思われる。しかしこのような「常識」が正しくないことは、直接、営利を目的とせず公益性の高いはずの政治団体の腐敗、宗教組織の反社会的行為、医療機関や大学を含む教育機関の不祥事、それになによりも、法に忠実であるべき行政機関の不法行為などをみれば明らかである。(2)

これらの矛盾を見ると、組織には営利の原理とは異なる、組織固有の矛盾が存在することがわかる。その根本にあるのは、組織はいったん成立すると当初の目的を忘れ、組織の維持を自己目的化する傾向である。この点を考慮するならば、企業に限定されない組織論が、また企業倫理学を超えた組織倫理学とも呼ぶべき学問が求められていることがわかる。この課題は特に日本社会において重要な意味を有している。というのは、組織の暴走を抑制すべき個人の自由が制約され、集団や組織の個に対する圧力が日本ほど強い国は少ないからである。

ところでその重要性に比して、組織論の研究が遅れた経緯について、社会学者の富永健一氏は以下のように述べている。「……組織が近代産業社会の構造原理の一つであるという認識は二〇世紀前半のもので、だからそれを社会科学の歴史に位置づけると、分業と市場的交換に着目する視点（スミス）、私的所有に着目する視点（マルクス）、ゲマインシャフトの解体とゲゼルシャフトの形成に着目する視点（テンニェス）、分業の社会的機能に着目する視点（デュルケーム）などにくらべると、遅かったといわなければならない[3]」。

加えて、わたしは戦後の社会科学を支配してきたマルクス主義の正統派信仰、すなわち「正しいイデオロギー」を信奉する政治勢力が、誤りを犯すはずはないという根拠のない思い込みが、組織論研究を遅らせてきたと考えている。

組織論におけるわたしの中心的問題意識は、革新組織のあり方にある。革新的政治勢力は、個人の自由や民主主義のために日本の後進性と闘うところにそのアイデンティティがあるにもかかわらず、組織の矛盾にとらわれている点では、他の組織と変わらないばかりか、逆にそのイデオロギー性のために、矛盾が倍化する傾向がある。日本の保守化が叫ばれる現在、革新組織の歴史的役割はますます重要となってきているが、残念ながら長期的に見れば、革新組織がその社会的影響力を次第に低下させていることは、周知のとおりである。その原因の一つが、組織のあり方にあり、したがって、革新組織が本来の役割を果たすためには、組織の矛盾を自覚し、現実の要請に応え得る、柔軟な組織体制へと脱皮することが必要である、というのが本章の問題意識である。

2 ウェーバーからバーナードへ——近代と官僚制

組織の矛盾を論じる前にまず確認すべきは、組織化社会の歴史進歩的性格、すなわち近代化と組織化とは一体の関係にあるということ、組織化なくして近代化はあり得ないという事実である。そのことは同時に、資本主義の発展と組織化とが、同一の過程であることを教えている。資本主義の高度化は、合理的な経営の構築を条件とするが、合理的経営は一定のルールに基づく組織化抜きには考えられない。いかに優れた個人であろうと、大規模化した経営を個人の能力で管理することは不可能であり、したがって、合理的な組織の経営は一定のルールに基づく支配によらざるを得ないが、このような組織経営の秩序が官僚制である。

近代化を官僚制の一般化としてとらえたのは、言うまでもなく、M・ウェーバー（一八四六〜一九二〇）である。かれは官僚制を政治、経済、さらには社会主義をも含め、近代社会の特質としてとらえた。またかれは官僚制を効率性、公平性にかなう支配のあり方として、伝統的支配やカリスマ的支配に対置させた。官僚制は、特権の忌避、権利の平等を求める、大衆民主制の不可避的随伴現象なのである。またウェーバーは「……官僚制化と社会的平準化とは、それに立ちはだかる地方的および封建的特権の粉砕とあいまって、資本主義の利害に役立ったばあいがきわめて多く、しばしば資本主義の利害と直接むすんで遂行された[4]」と述べているが、資本主義の発展と、官僚制の発展とは同時並行的なのである。現在、官僚制や官僚の評判はすこぶる悪いが、組織形態としての官僚制の合理的性格は否定しがたく、いかなる組織編制も官僚制的要素を完全に排除することはできない。

社会主義の創始者たちは、権力を民衆の手に取り戻すべく、さまざまな統治形態を考えた。マルクスはパリ・コミューンに際して、民衆の自治こそ究極の統治であるととらえ（『フランスの内乱』）、またレーニンも官僚制の弊害を防ぐために、行政事務の民衆による交代制を構想したが（『国家と革命』）、これらの考えが実現しなかったこと、それどころかソ連型社会主義体制において、醜悪な官僚支配が成立したことが、官僚制の強固さを示している。したがって問題は、官僚制の合理性と限界を認識した上で、これを飼いならすこと、さらにそれを超える新たな組織形態を構築することなのである。

ところで、ウェーバーは官僚制の特徴をおおよそ以下のように整理している。①職務上の義務を分配する規則の存在、②配分された義務を遂行する階層秩序の存在、③文書による業務の遂行（文書主義）、④専門化されたセクションの存在（専門主義）、⑤職員のフルタイム労働、などである。このような特徴を有する官僚制は、行政組織や私的大経営だけでなく、政党組織にも拡大する。ウェーバーは、全国的な選挙制度（たとえば比例代表制）の影響などによって党組織が厳格になれば、党の官僚制化は不可避となり、地方名望家の支配を粉砕するであろうと述べている。[5]

しかし何事でも同じであるが、物事には必ず二つの側面がある。近代化において進歩的役割を果たした官僚制も、やがてその矛盾が顕在化する。その矛盾を追究したのが、社会学者のR・マートン（一九一〇〜二〇〇三）である。かれは制度の積極的側面を順機能、ネガティブな側面を逆機能と呼び、官僚制の特徴に対応させる形で、以下のような問題点を上げている。[6]それらは、①セクショナリズム、②形式主義、③権威主義、④繁文縟礼、などである。公正さを担保するために規則を重視することは重要であるが、同時にそのことが、規則にしばられ、新たな現実に対応しない形式主義に堕すことも否定できないのである。

特に政治学者の辻清明氏が分析したように、官僚制的権威主義が日本社会全体を規定していたという点を考えるならば、官僚制のネガティブな側面の認識は、特に日本では重要である。[7]

これらの官僚制の矛盾は、革新政党を含む政党組織にもそのまま当てはまるわけであるが、この問題を社会主義政党の問題として分析したのが、R・ミヘルス（一八七六〜一九三六）である。革新組織のあり方をテーマとする本章にとって、かれの分析は非常に重要である。

3 ミヘルスの寡頭制論と革新組織

ミヘルスは二〇世紀初頭のドイツ社会民主党の党員として活動し、後に社会学者として、大衆化した革命政党の矛盾を分析した。古典的名著とも呼ぶべき『現代民主主義における政党の社会学』（一九一一年）は、ウェーバーとほぼ同時期に官僚制の矛盾を寡頭制（少数者支配）と関連させて論じた点で、特筆に価する著作である。かれが明らかにしたのは、体制変革をめざす社会主義政党といえども、政党の大規模化に伴う官僚化と、組織内少数者による支配の弊害を免れえないという事実である。ドイツ社会民主党を対象とした寡頭制の研究は、迫力のある現実分析にあふれている。

われわれにとって有益なのは、かれの問題意識が政党の研究ではなく、政党組織の研究にあるという点である。組織はいったん成立すると、その存続を自己目的化とするという傾向について はすでに述べたが、国家と対峙するために巨大な組織となった社会主義政党も国家と同様、組織の拡大に伴い官僚制を強化することになる。その結果起こるのが、社会主義の理念と国際主義の喪失であり、専門主義や出世主義の横行、党員の個性の消失である[8]。組織の維持という現実的利害は、理論に優先する。革命理論は「組織の安否にかかわるときには、必要とあればいつでも軟弱化され、偽造化される。組織が唯一の生命線となる[9]」。「革命理論」に対する「組織の論理」の優先、この点こそミヘルスの問題意識の原点なのである。

さて、政党組織の官僚化は、組織内少数派による寡頭的支配とその構造化に導くが、この傾向はすべての政治的支配を貫く法則である。「職業的指導者層の形成の始まりは民主主義の終焉の始まりを意味する」というのが、ミヘルス寡頭制論の核心である。少数者が多数者を支配するのは政治の本質であり、「人類の多数者が自治することはとこしえに不可能であり、おそらくはまたそうする能力がないであろう[10]」。大衆が支配階級から権力を奪取した場合でも、大衆の中に支配階級の役割を果たす新たに組織された少数者が必然的に生じることになる。したがって、多数者支配が実現することはないとミヘルスは結論する。

このような寡頭制に対する認識を欠いていたところに、マルクス主義の陥穽がある。マルクス主義は経済学や歴史哲学を有してはいるが、このような政治の冷徹な現実に対する知識を欠いていた。寡頭制は決して唯物史観とは矛盾せず、その中で生き残るというミヘルスの指摘は重要であり、組織論研究の独自の意義をわれわれに教えている。特に、労働者階級の前衛という位置づけがあるため、マルクス主義政党には少数者支配のＤＮＡが組織内にビルトインされているだけに、余計にこの点は注意されねばならない。

ミヘルスの分析は、党幹部と党員、さらには階級との亀裂におよぶ。党は党員全体と一体ではないし、まして階級とも一体でない。「党がそれ自体の独自の目的と利益をもった自己目的となるならば、党は目的論的に言って、みずからが代表する階級から分離するようになる」[11]。ミヘルスによれば、分業によって生じた集団が階級や一般党員とは異なる独自の自己関心、自己利害を生み出すのは、永遠の社会学的法則なのである。それだけでなく「党幹部は自分を党全体と同一視し、自分の利害を党の利益と完全に同一視する」[12]。しかもそのような思い込みは、皮肉にも腐敗した国家官僚とは異なり、みずからの清廉さと有能さに対する信念によって強化されるというのである。

分業の発生が階級分裂と支配をもたらすというのは、マルクス主義の基本テーゼであるが、この認識を革命的政党組織にも適用したところにミヘルスの優れた洞察がある。このようにかれは組織を支配する冷厳な法則を、社会主義政党の現実のうちに見出したのである。

しかしかれの議論が、時代の制約を受けていたことも否定できない。ミヘルスの寡頭制の理解は、大衆の未熟さを前提としている。大衆の未熟さは大衆の本質からうまれ、永遠のものであるとするペシミスティックなかれの大衆論を、われわれはそのまま受け入れることはできない。当時と現代とでは、大衆の教育水準、意識水準が大きく異なっているからである。われわれは多数派の意思が組織運営に反映される、成熟社会にふさわしい新しい革新型組織のあり方を展望すべきであるし、またそれは可能であると考える[13]。

また少数派の支配は、大規模組織においては避けがたい必然であるとしても、少数者の特権を合理化しない組織形態を追求することは可能である。この点が本章の目的であるが、その内容については最後に論じることとする。しかしそのためにもまず、ミヘルスの冷徹な分析を正面から受け止めることが求められているのである。

4　バーナード経営組織論から学ぶ

革命政党をも支配する組織の矛盾を乗り越えるために、何が求められているのであろうか。この問題を考える際に参考になるのが、企業の実践である。政治組織が企業経営から学ぶものは大きい、というのがわたしの持論であるが、経営組織論は革新組織の今後を考える上で、多くのヒントを提供してくれる。

もちろん、企業も官僚制の弊害を免れることはできないし、多くの企業が現実の変化に対応できず、消滅していったことは事実であるが、同時に企業組織はその本質からして、組織の危機に対してもっとも敏感であり、したがって、危機から立ち直る特性を有していることも事実なのである。ここでは経営組織論の創始者、C・バーナード（一八八六～一九六一）の議論から学ぶこととしたい。かれの議論は、組織の原点を確認し、自己革新型組織を考える上で重要な視点を提供してくれる。

ウェーバーやマートンも研究者（社会学者）であり、組織経営に責任を持つ立場にはなかった。ミヘルスは社会民主党の党員であったが、彼が名を残したのはもっぱら学者としてであった。それに対して、経営組織論の創始者であるバーナードは、現実の経営に責任を持つ立場（電話会社社長）から組織の問題をとらえており、そのことがかれの組織論に実践的で動態的な視点を与えている。またバーナードは「自由意志についての正しい認識をもたないことが、管理活動の失敗の重要な原因である」[14]と述べているように、組織における個人の選択の自由や自由意志など主体的側面を重視したが、これこそ、現代組織が抱える矛盾を解決する際に、つねに立ち戻るべき観点なのである。

組織が固有のシステムを形成し、特有のメカニズムに従うとはいえ、いかなる時代、いかなる組織も人間によって担われることに変わりはない。官僚制をになうのも人間であるし、またその矛盾を打ち破るのも同じ人間である。したがって、個人の動機や欲求を論じること、すなわち組織の人間的側面や組織改革における人間の主体的な役割を正しく評価することは、企業だけでなく、政党を含めあらゆる組織が活性化するための重要な前提なのである。

人間的要素の重視は、バーナードの組織の定義にも反映している。かれは組織を「二人以上の人々の意識的に調整された活動や諸力の体系」（『経営者の役割』）と考える。同時にかれは、よく知られているように、組織を成立させる三つの要素として、①伝達（コミュニケーション）、

②貢献意欲、③共通目的、を上げる。簡単に言えば、組織の役割は、これらの三つの要素をその時々の環境条件をふまえながら、いかに有効に結びつけ、機能させるかにある。

バーナードの簡潔な組織論は、組織の本質やその動態的性格、さらにその活性化を考える際の視点として大変有益である。というのは、このような定義は、ウェーバー流の構造分析では忘れられていた、組織の人間的側面を思い出させ、組織革新のための実践的視点を与えてくれるからである。しかもかれにおいては、人間は組織のたんなる手段ではない。「私は人を自由に協働せしめる自由意思をもった人間による協働の力を信じる。また協働を選択する場合にのみ完全に人格的発展が得られると信じる[15]」とかれが言う時、組織は人間的発達にとっての条件として位置づけられているのである。

組織における人間の役割、心理的側面の重要性は、マクレガーのX理論、Y理論などを含め、その後、社会心理学や経営組織論において重要なテーマとなるが、この点こそ組織変革を考える者にとって、欠かしてはならない問題意識なのである。その最大の理由は次節で論じるように、組織には既存の組織形態を守ろうとする「組織慣性」と呼ばれる、牢固たる傾向が存在するが、そのような組織の環境適応を阻害する傾向を打ち破るには、組織を形成する人間に頼らなければならないからである。

ところで、一定の組織形態は、それに対応する人間像が想定されている。官僚制に対応するのは、血の通った人間ではなく、定められた任務を受動的に遂行する機械的人間である。現在でも軍隊や警察のような組織では、このような人間像で足りるであろう。しかし変化の激しい時代においては、この種の組織が機能不全を起こすことは明らかである。特に現実対応の失敗が命取りになるような企業組織では、官僚制とは異なる人間像を求めざるを得ない。そこでは構成員の動機を重視し、やる気や創意を引き出さすことが、組織存続の不可欠の条件となる。画一的大量生産の時代と異なり、消費者の個別的ニーズへの迅速な対応がたえず求められる成熟した市場では、官僚的な経営は機能不全を起こすからである。変化する現実に対応するためには、まず現実と接する現場の社員のやる気と具体的感性、構想力を尊重することが最小の条件となる。

この点は政党においても、基本的に同じと考えるべきである。企業が市場において商品を通して競争し、シェアを競うのと同じように、政党は政策を通して選挙民の支持を競う（競争的政党民主制）。選挙民の支持を得る政策を打ち出すためには、政党はたえず政策や政党組織の革新を迫られるのであり、そのような努力を怠る政党は、やがて政治的市場から淘汰されることになる。その意味で、政党や政策の革新を阻害する組織の官僚化と硬直化は、政党にとって致命的な状態と言わねばならない。これを避けるには、現場の意見や感性を汲み取り、反映する柔軟な組織編制へと転換することが求められる。このような組織こそ、すでに述べた自己革新型組織の前提なのである。

5　なぜ組織は変わらないのか――組織変革をはばむ心理

自己革新型組織を展望するにあたり、まず解明すべきは組織の保守化をもたらす組織慣性である。慣性とは「現在の運動、状態を継続しようとする物体の傾向」のことであるが、この傾向は個人や組織のあり方にも当てはまる。個人にしても組織にしても、いったん成立した生活スタイルや組織形態を変えることは簡単ではない。特に組織が大きくなればなるほどむずかしくなる。組織慣性が強いことは組織の環境適応能力が低いことを意味しており、組織の存続にとっては致命的な欠陥となる。その点では組織慣性を弱める組織編制が求められることになるが、その前に組織慣性の大まかな特徴を理解しておく必要がある。

組織慣性には客観的側面と主観的・精神的側面とがある。前者の要因としては、①古い活動を断ち切ることによる既存の投資の無駄（埋没コスト）の発生、②新しい分野の情報の不足、③既得権益層の抵抗（政治的制約）、④伝統への固執、変化への抵抗、などがある。[16]

組織改革をはばむ、このような組織慣性の客観的な要因を認識することは重要であるが、ここでは主として、主観的・精神的側面を取り上げる。イデオロギー性の強い組織においては、また集団主義的文化が支配する日本的文脈では、この側面への対応が特に重要だと思われるからである。

集団圧力と集団浅慮

そのひとつの例として、まず集団圧力と集団浅慮を取り上げよう。集団の中にある者が集団の共通意思に反する異論を主張すること、また権威者の指示に逆らうことが困難であることは、S・アッシュの実験やS・ミルグラムの心理実験によってよく知られているが、誤った集団の意思にみずからを従わせ同調するような弊害は、以下のような条件がそろうと、さらに倍化されることになる。それらは、①特定の考え方・イデオロギーに基づくステロタイプな発想、②組織をとりまく現実に対する科学的認識の欠如、③組織の閉鎖性と凝集性、④組織内における意見交換の自由や実質的民主主義の欠如、などである。

これらの要素がそれぞれ結びつくことにより、さらに事態を悪化させることは言うまでもない。認識主体が特定の価値に強く支配される場合には、現実に対する科学的認識は可能とはならないであろうし、また、自由な意見交換を保障する民主主義を欠く場合には、現実認識はさらに困難になる。集団圧力を強化する条件がそろえばそろうほど、成員は集団浅慮から逃れることは容易ではなくなり、組織慣性から逃れることがむずかしくなる。しかも組織が前節で見た官僚制によって編成される場合には、集団浅慮は系統的に再生産され、組織の抜きがたいエトスとなる。(17)

このような状態は宗教団体や独裁国家などにおいて典型的であるが、程度の差こそあれ、各種の組織に多かれ少なかれ見出される事態なのである。なおこれらの組織要因が、組織の統一を象徴する指導者への崇拝、組織内反対者の抑圧と排除、反対勢力に対する偏見など結びついていることは言うまでもない。

認知不協和理論

集団が特定の教条を信じ込むことが、いかに深刻な事態をもたらすかを教える理論として、L・フェスティンガーの認知不協和理論がある。この理論は新たな事実がすでに確立された信念と矛盾するとき、新事実に基づいて理論を再構築するよりも、言い訳的な理屈によって、古い信念に固執する傾向である。フェスティンガーが研究したのはある信仰集団であるが、宗教指導者による予言（大災害の到来やキリストの再臨など）が外れたとき、信者たちが事実を尊重して信仰を捨てるのではなく、適当な理由づけ（信心不足や神の思し召しなど）によって心理的葛藤を回避し、古い信念を守ろうとする心の傾向である。これはオウム真理教などのカルト集団に広く見られる事実である。認知不協和論に集団圧力が加われば、誤った信念体系から抜け出すことはさらにむずかしくなるであろう(18)。

信仰やイデオロギーなどにねざす心理的慣性は、客観的な要因にくらべやっかいである。その理由は、心理的機制は認識自体の枠組みを形成しており、事実を事実として認識することをはばむからである。集団圧力の研究が教えるように、事実認識は人間関係を媒介としてなされるため、人間関係が事実認識そのものに影響を及ぼすのである。この点は事実と価値が峻別可能な自然科学と基本的に異なっている。それゆえ、信じ込んだ人間にいくら事実を突きつけても、素直に受け入れさせることは困難である。特に体系的な教養や理論を身につけた人間に対しては余計にそうである。このような心理的慣性の強固さは、カルト教団による洗脳からのリハビリのむずかしさが教えている。心理的慣性の呪縛を弱めるには、自由な組織編制に加えて、批判的で主体的な思考能力を養うことが求められる。

6　日本陸軍における官僚制の弊害

組織慣性は官僚制のように構造化され、硬直しやすい組織編制において強く現れやすいが、このような官僚組織の典型が軍事組織である。特にかつての日本の陸軍ほど、官僚制の弊害にとらわれた組織も珍しい。

『失敗の本質』

近年、戦前の陸軍の失敗の教訓を、現在の企業経営に生かそうとする研究が話題を呼んでいるが、これは重要で有効な問題意識であろう。『失敗の本質』（野中郁次郎他）では、ノモンハン事件から沖縄戦まで六つの作戦を分析し、そこから日本陸軍の組織的問題点を摘出している。それらは多岐にわたるが、本章の問題意識に引きつけて整理すれば、以下のようになるであろう(19)。

失敗の最大の原因は硬直化した軍事的官僚制が、現場の情報や意見をくみ上げることができず、机上の作戦を強行することによって、失敗を重ねてきた点にある。まず作戦の原型への強いこだわりがある。具体的には日露戦争、特に日本海海戦の大勝利が生んだ、艦隊決戦主義と白兵銃剣主義に対する信仰の支配である。さらに、情報の軽視とエリート参謀による作戦計画の絶対化、作戦の有効性をフィードバックするシステム、すなわち総括と学習の不在、陸軍大学校での成績が軍隊内での序列を決め、理系の受験エリートが支配する人事慣行。失敗の責任を不問にし、組織内の融和を優先する体質と能力主義の欠如、合理的総括をはばむ精神主義、情緒主義の横行などである。

これらの点は、作戦の失敗から学び、組織機構、管理システムを環境に適応すべく改善してきたアメリカ軍と比較しても対照的であるという。責任の明確化を例にとるならば、真珠湾攻撃の際の太平洋司令官は、軍法会議にかけられ解任されているが、無謀な作戦によって多大な損害を出したノモンハン事件の首謀者、関東軍の辻参謀をはじめ、その後の主要な作戦の失敗の責任はほとんど不問に付されている。また能力主義についてみれば、アメリカ海軍では司令官への任官に際しては、大佐の中から現場の指揮能力を評価し、投票で決めるという。

『組織は合理的に失敗する』

日本陸軍の失敗の原因を取引コストの概念を用いて説明したのが、『組織は合理的に失敗する』（菊澤研宗）である。大きな契約に際しては、相手の信用度などを調査する必要があるが、その際にかかるコストが取引コストである。このコストが大きすぎると取引自体が成立せず、したがって経済活動が停滞することになる。菊澤氏は『失敗の本質』に習い日本陸軍の失敗事例を上げるが、かれの場合、失敗の原因を大本営と現地軍との間の情報格差や立場の違いから起こる、命令伝達をめぐる駆け引きの労力（取引コスト）に求める。上とのやりとりにコストがかかりすぎると、指揮される立場の現地軍は大本営の命令が不条理であることがわかっていても（たとえば米軍に対する水際撃退作戦）、命令に従うことになる。つまり高い取引コストが、作戦の変更をはばみ、いたずらな敗北の要因になるわけである。[20]

しかし危機的な状況により垂直的命令関係が機能しなくなると、現地軍は現実をふまえた有効な作戦を、独自に追求するようになる。その具体例が硫黄島の戦いである。栗林中将による持久作戦は、敗北したとはいえ本土決戦を遅らせる上で大きな成果を上げたが、その理由は水際作戦の失敗に学び、現地の状況やみずからの戦力にふさわしい戦術を採用したところにある。

このような事実は、集権型官僚組織よりも分権型組織の方が、より現実に的確に対応できることを教えている。この教訓を現在の企業経営に生かしたのが事業部制である。事業部制は企業が激しい環境変化や不確実な状況に対応するために採用した分権型制度であり、企業が生き残るための智恵である。菊澤氏は戦後の企業倒産を例に、強いリーダー（人間の完全合理性を前提とした）が犯す誤りを教訓に、分権型企業組織の重要性を強調する。

中央と現場とのギャップの要因となるのは、人間の限定合理的性格である。したがって、大事なことは人間がつねに誤りうることを自覚し、「常に非効率や不正が発生しうることを意識し、そしてたえずその非効率や不正を排除するような流れを作る『批判的合理的構造』を、組織が具備しているかどうかが重要となる」[21]という菊澤氏の指摘は重要である。なお限定合理性が自覚されるべきは、指揮、管理すべき組織のトップの側であることは言うまでもない。

7　自己革新型組織への転換——革新組織再生の条件

さて、今後の革新組織のあり方を検討し、その再生を展望するのが、われわれに課された最終的課題である。これまでの考察から、本来の目的を有効に果たしうる組織形態の姿をある程度、思い描くことが可能である。そこで、これまでの考察を通して明らかとなった、組織革新の前提をいくつか上げておこう。

第一に、組織経営の公正さを担保する、官僚制の普遍的性格を確認することである。官僚制に問題があることは明らかであるが、大事なことは、利点を生かしながら、その矛盾をコントロールできる体制を作ることである。中央集権化された政治体制に対応して、政党が集権的性格を維持することは避けがたいことも事実だからである。その意味で、組織原則としての民主主義的集中制の意義は明らかである。しかし自由な議論や実質的な民主主義を欠いた場合には、この原則はかえって組織の寡頭支配と硬直化を推し進め、組織の自滅を招く点にも注意しなければならない。

第二に、組織の環境適応を保障する組織形態の必要性である。この点は軍事史研究が明らかにしたところであるが、いかなる活動も現実を正確にふまえないかぎり、成果を上げることはできない。そのためには、現場の情報や考え方が重視されるような、分権型組織編制と下部組織の自律性が重要である。したがって、分権をベースとした集権的組織構造の構築が課題となる。

第三に、政党固有の矛盾の認識が重要である。革新組織が新たな社会環境に対応する自己革新型組織へと脱皮していくためには、現場の活動家の意見や感性が組織の方針に反映することが重要であるが、そのためには、ミヘルスが主張したように党員と組織専従者との矛盾を認識することが出発点となる。この矛盾を緩和するには、両者の擬似的一体感から決別し、現実に基づいた自由な議論が保障されること、すなわち組織内民主主義が実質的に確保されることが、必須の条件である。しかしそのような体制は自然には生まれない。したがって田口富久治氏がかつて提起したような、組織内少数派を尊重する組織体制を敢えて用意することも必要であろう[22]。また、重要問題での特別の組織内公開討論の場の設置なども検討されてよいであろう。社会が複雑化し、価値観が多様化した現代では、官僚主義的形式主義を超えるこのような努力が重要であり、その努力を怠れば、官僚制の弊害から脱出することはできない。

加えて、ミヘルスが説いたように、組織専従の幹部が独自の利害を持つことによって、組織本来の目的が歪められないような組織編制が必要である。一般の企業では、近年、外部監査役の導入などが図られているが、組織全体の民主主義のありようを幅広くチェックする権能を付与された実質的な監査体制の確立が、政党組織にも求められている。

本章では革新的政党組織が多くの矛盾を抱えているという問題意識から、企業から学ぶ点を多く上げたが、これはたんなるアナロジーではない。競争的政党民主主義体制下では、好むと好まざるとにかかわらず、政党はとりあえず企業的な役割を演じざるを得ないからである。政党を企業にたとえれば、政策は商品にあたるが、市場において商品が売れなければ、企業はその原因を分析し、新たな改良された商品を市場に投入する。場合によっては、会社名の変更を含め企業イメージの改善をはかるであろう。また経営の失敗が続けば、経営者は引責辞任をする。しかし一部の政党のリーダーは選挙で敗北しても、責任を取らないのが常態化している。結果責任を取らない組織は、国民から信用されることはない。それは民意を無視しているに等しいからである。

このような問題が日常化する背景には、現実認識がイデオロギー的認識機制を含め、心理的要因によって規定されるという事実がある。この点をふまえるならば、組織の綱領や規約、各種決定、またその前提となる世界観が柔軟で、自由な議論に開かれていることが求められる。逆に、これらが厳格であればあるほど、軍事史研究が教えるように、現実に対応した組織編制が困難となり、組織は硬直化していくことになる。

おわりに

組織のあり方を変えるのは、当事者全体の責任であるが、組織慣性にかかわって論じたように、組織が内側から変わりにくいのも事実である。この点で注目すべきは、社会運動と革新組織との関係、特に前者が後者に与えるインパクトである。福島の原発事故をきっかけとして、これまでにない新たな形態の社会運動が台頭しているが、社会運動が活発になれば、これとの関係で、革新組織はみずからのあり方を点検せざるを得なくなる。社会運動は現実の課題に対応して生じるわけであるし、また取りあえず組織の矛盾を免れているからである。

社会学者の小熊英二氏は、これまでのマルクス主義に基づく革新運動（生産関係の矛盾の認識と体制変革を柱とする）の問題点を、以下のように指摘している。「この考え方は、一時は多くの人を魅了しました。しかしその根底には、不動の本質や真理がある、弁証法はそれに近づくのだ、という発想がありました。それだとどうしても、活動家や党中央のほうが真理に近い、大衆に学びつつもやはり導くのだ、という権威主義に結びつきやすかった……ほんとうは、究極の真理を一方だけが知っている、ということは弁証法的にはありえません」[23]。

小熊氏が従来の啓蒙型、権威型運動論に対置するのが、参加型、対話型運動論である。その背景には、グローバル化時代における不安定性と「自由」の拡大がある。現代はひとつの基準で解釈できるような時代ではない。「事実は小説より奇なり」という言葉があるが、現実は豊かであり、時代はたえず新しい傾向や運動を生み出していく。本章では言及できなかったが、そのような傾向に対して鋭い感性を磨き、それをみずからの組織革新に取り込み、活かす意思の有無が今後の政党の帰趨を決定するであろう。

その上で、全国的集権型組織としてのアイデンティティを再確認する必要がある。政党が一定の理念と目標に基づく綱領を有し、それに基づいた政治活動を展開するのは当然であるし、また社会運動ふくめ、すべて市民社会の活動が政治によって総括されることも厳然たる事実である。社会運動はテーマが限定され、一過的で持続性に問題があることはよく知られている。その意味で政党の存在意義が弱まることはない。しかしだからこそ、政党が現実をリアルに認識し、国民、市民の要請にこたえ得る自己革新型組織へと転換していくことが求められるのである。そのためには、本章で述べた組織の矛盾を自覚し、みずからをたえず変革していく勇気と能力が不可欠なのである。それができなければ、革新政党は「革新」という名の保守に堕すことになるだけであろう。

（1）碓井敏正『革新の再生のために』（文理閣、二〇一二年）、特に第一章、第三章。『成熟社会における人権、道徳、民主主義』（文理閣、二〇一〇年）、特に第七章。

（2）組織論は学際的な研究テーマであるが、本章で述べたような理由から、現在では主として経営学（経営組織論）の研究対象となっている。しかし経営学の問題意識は企業の組織形態にあり、組織一般の問題をカバーする形にはなっていない。また日本社会の特性から、組織をテーマとする著述は結構多いが、それらは学問的研究と言うにはほど遠いのが現状である。たとえば、小倉寛太郎・佐高信『組織と人間』（角川 oneテーマ21、二〇〇九年）、山本七平『日本人と組織』（角川新書、二〇〇七年）、などがある。

（3）富永健一『経済と組織の社会学理論』（東京大学出版会、一九九七年）一四三頁。

（4）M・ウェーバー『権力と支配』（講談社学術文庫）二八七頁。

（5）同書、二七六頁。

（6）R・マートン『社会理論と社会構造』みすず書房、一九六一年。

（7）日本的後進性と官僚制の支配については、辻清明『新版・日本官僚制の研究』（東京大学出版会、一九六九年）、特に「日本官僚制と『対民衆官紀』」参照。

（8）R・ミヘルス『現代民主主義と政党の社会学』（木鐸社、一九九六年）一六一～一六五頁。なお当時、ドイツ共産党が有力な革命政党として存在していたことは周知のとおりであるが、現在の革新政党の組織矛盾を考察するには、組織の路線、体質などから社会民主党の方が適当と思われる。

(9) 同書、四二三頁。
(10) 同書、四三七頁。
(11) 同書、四四二頁。
(12) 同書、二九一頁。
(13) A・シャフは社会主義官僚の弊害に関する、ミヘルスとブハーリンの論争を取り上げている。ブハーリンは党の官僚化に懸念を抱きつつも、特権階級存在の経済的根拠がなくなること、民衆の文化的水準が向上することなどによりミヘルスの主張を批判していたという。A・シャフ『社会現象としての疎外』(岩波書店、一九八四年)、「第二章 客観的疎外」参照。
(14) C・バーナード『経営者の役割』(田杉競他訳、ダイヤモンド社、一九五六年)一五頁。
(15) 同書、三〇九頁。なおバーナードの経営論の全体的理解のために、飯野春樹編『バーナード経営者の役割』(有斐閣新書、一九七九年)が役に立つ。
(16) この点については、桑田耕太郎・田尾雅夫『組織論』(有斐閣アルマ、一九九八年、一〇七~一〇八頁)に習って整理した。
(17) 集団圧力や集団浅慮の理解だけでなく、経営論の立場からの組織論をわかりやすく解説した入門書として、金井壽宏『経営組織』(日経文庫、一九九九年)が役に立つ。
(18) L・フェスティンガーのある信仰集団の事件とその分析は、『予言がはずれるとき』(勁草書房、一九九五年)参照。
(19) 野中郁次郎他『失敗の本質——日本軍の組織論的研究』(中公文庫、一九九一年)参照。なお指導者のあり方を中心に日本軍の矛盾を分析したものとして、半藤一利『日本型リーダーはなぜ失敗するのか』(文芸新書、二〇一二年)が面白い。

(20) 菊澤研宗『組織は合理的に失敗する』（日経ビジネス文庫、二〇〇九年）参照。

(21) 同書、二四一頁。

(22) 田口富久治氏の前衛党組織論については、「先進国革命と前衛党組織論――『民主集中制』の組織原則を中心に」（田口富久治『先進国革命と多元的社会主義』大月書店、一九七八年、所収）。なお左翼政党の多元主義については、最近のドイツ左翼党の実践が面白い。この点については、木戸衛一『ドイツ左翼党の挑戦』（せせらぎ出版、二〇一三年）、星乃治彦『台頭するドイツ左翼』（かもがわ出版、二〇一四年）が参考になる。なおドイツ左翼党は、東ドイツのＳＥＤ（社会主義統一党）を源流としている。

(23) 小熊英二『社会を変えるには』（講談社新書、二〇一二年）四六四頁。

第3章　護憲運動と革新組織の再生

安倍政権の長期政権化を狙った二〇一四年一二月の解散、総選挙は自民党、公明党の勢力維持、共産党の躍進という結果に終わった。自民党はじめ改憲勢力が国会で相変わらず多数を占めた現状では、首相自身が表明しているように今後、改憲に向けての動きが強まることが予想される。ただ、自公政権への支持は当面の経済政策に対するものであり、小選挙区制度の問題を含めて考えるならば、国民多数がその他の政策を積極的に支持しているものでないことは、九六条先行改憲や集団的自衛権、秘密保護法それに九条改憲に対する国民世論の動向が示すところである。その意味で、自民党の勝利は必ずしも改憲勢力の勝利を意味していない。自民党や安倍首相の政治的アイデンティティが「自主憲法」制定にあるとしても、改憲を強行することはみずからの政権基盤を弱めることになりかねず、この点でかれらは慎重にならざるを得ない立場に置かれている。

明文改憲が、かなり長期にわたる国民的課題になると思われる状況では、憲法問題に対する腰のすわった取り組みが求められている。その点でわれわれが考えておくべきは、九条問題だけでなく、今後どのような憲法改正案が、どのような形で提案されるのか、そしてそれが国民にどう受け止められるのか、という問題である。その際に求められるのは、改憲をめぐる国会の勢力地図に振り回されることなく、日本人の憲法感覚や市民社会の成熟度すなわち人権や民主主義の精神の定着度を正確に評価することであり、その上で広範な護憲運動を構築することであろう。

1　自民党改憲草案の性格

その点でまず取り上げるべきは、二〇一二年四月に決まった自民党の改憲草案（以下草案と略す）である。この草案は二〇〇五年のものにくらべても、その前近代的、復古的性格において際立った特徴を有している。野党時代のものということもあり、自民党という政党の本音が現れたと見ることもできる[1]。

草案の内容は九条改憲（自衛権明記、国防軍設置）だけでなく、前文における国柄規定、天皇の元首化、公益・公の秩序による各種人権の制約、人権の普遍性・不可侵性の否定、緊急事態条項の新設、改憲発議規定の緩和、国民の憲法尊重義務など全般にわたっている。

草案の最大の問題は、樋口陽一氏が述べているように「原則そのものを否定して他の原則にかえようとする」逆転の考え方に立って、現憲法の基本的立場を覆そうとしているところにある。[2]現憲法を含む近代憲法は、個人の生命、自由、財産を守るために人々が契約を結び、政治的共同体を形成するという契約説を暗黙の前提としているが（「国民の信託による国政」）、草案は、このような近代憲法の基本性格を認めていない。その代わりに、基調となっているのは、個を全体に従属させる国家の論理である。その点は前文の国柄規定によく現れている。

草案前文にある「長い歴史と固有の文化」「国と郷土を気概と誇りをもって自ら守り……」「和を尊び、家族と社会がお互いに助け合って……」「美しい国土」「良き伝統」といった文言は、日本の「国柄」を彼らなりに表したものであるが、その狙いはこのような規定に基づいて、国防の責務をはじめ国民に義務と責任を課すことによって、「日本人としての生き方」を指示しようとするところにある。なおこの国柄規定は、自民党の二〇一〇年綱領における「日本らしい日本」の理解と一体であり、自民党の一部の関係者の見解ではない。

全体主義的で個人主義否定の自民党憲法草案を読むと、戦争に向けて国民精神を統一するために作られた『国体の本義』（一九三六年）を想起する。両者に共通しているのは、「種の論理」である。「種の論理」においては、「種」は「個」と「類」の媒介項として位置づけられるが、現実には「種」（国家・民族）が至上の存在と考えられることにより、国民抑圧の全体主義思想へと容易に転化する。(3) その意味で、自民党草案は戦前の国家主義に回帰するものと言うことができる。

そもそも国柄規定は、個人の多様な生き方を制約する危険があり、国家の道徳的中立性を基本的性格とする近代憲法の前文になじまない。事実、先進国の憲法前文は国柄規定を排除している。アメリカやフランス、ドイツなどの憲法を見れば、その前文がきわめて簡潔で、理念的であることがわかる。ちなみにアメリカ合衆国憲法の前文は「われら合衆国人民は、正義を確立し……一般的福祉を増進し……自由の恵沢を確保する目的をもって……この憲法を制定し確立する」というように、わずか数行で近代憲法一般の目的を示すにとどめている。(4) なお日本国憲法の前文は例外的に長いが、その内容は平和と民主主義、政治道徳に関する普遍的な価値の宣言であり、国柄規定とは無縁である。

ところで、憲法観は国家観と相関的である。国家観は大きく、①個人主義を前提とする契約的国家観、②歴史的共同体としての国家観、の二つに分けることができる。前者は近代憲法が依拠する国家観であり、後者はナショナリズムと結びつく前近代的国家観である。国柄規定を見ればわかるように、草案は明らかに後者の立場に立っている。この立場では、国家の存続、繁栄が至上命題となることによって、個人の福利は従属的な位置に貶められることになる。草案に基本的人権の規定はあるものの、その普遍性、不可侵性は否定され、「公益」や「公の秩序」の名によって制限されているが、これは草案の依拠する国家観の理論的帰結なのである。(5)

2　国民の現実感覚と改憲草案

しかし問題はこの先にある。これまで述べてきた草案批判の要点は、憲法学者や進歩的知識人には常識に属することだろう。自民党改憲草案を前近代的、立憲主義否定として批判するのはたやすいが、国民が自民党草案のような改憲案を憲法学者のようにとらえる保証はない。最終的に改憲の是非を判断するのは国民であるが、問題は草案がある面で、国民の日常的感覚に訴える性格を有しているという点である。そもそも国民は、その語義からして国家あっての存在であり、国民国家「共同体」の規定を強く受けているからである。

ハンナ・アーレントはユダヤ人が歴史的にこうむった悲劇的体験から、「普遍的な人権」といえども、特殊な政治的枠組みの中でしか機能しないこと、したがって、人間に生得的な自然権などありえず、権利とは一定の政治的共同体の一員となることによって、はじめて獲得されるものであり、政治的共同体から排除された人間は、無意味な自然人になり果ててしまうと述べたが[6]、これが権利の現実の姿であることは否定できない。

同様に国家についても、みずからが形成した人為的存在としてではなく、祖先から、われわれが生活してきた歴史的共同体としてとらえるのが、普通の日本人の感覚であろう。そもそも契約による政治的共同体の形成といった社会契約論的発想は、D・ヒュームがいち早く指摘したように、フィクションである（もちろんだからといって、無効というわけではない）。フィクションと知りながら、みずからを権利主体としてとらえることは、相当の知性と意志を必要とする。その点で立憲主義は、生活者としての国民にとっては、自然に受け入れられる思想とは言いがたいのである。

また、権利と責任の関係について言えば、日常生活において優先するのは、権利ではなく、責任や義務である。国民は市民社会レベルにおいても、家族をはじめさまざまな共同体の一員としての責務を負わされている。われわれは親としてまた職業人として、家庭や職場で与えられた責任を果たさねばならない存在だからである。国柄規定に基づき国民の責務や義務を説く草案は、そう考えると、生活者としての国民の現実感覚にかなっていると見ることもできるのである。

自民党草案は、このような即自的国民意識を利用している。前文は、国民主権規定に先立ち「日本国は、長い歴史と固有の文化を持ち、国民統合の象徴である天皇を戴く国家であって」という文章から始まるが、これは天皇が国民の合意（「主権の存する国民の総意にもとづく」）以前に存在することを前提としている。草案の前文を読んで、この点に気づき、批判的見解を抱く国民は、むしろ少数であろう(7)。

しかし国民は、国家によって形成され、規定される存在で終わるわけではない。国家の意思がみずからの選挙権の行使によって決定されること、国家（公務員）が国民に奉仕する存在であることを、人々は日々の政治的言説の中で身につけている。また、日本人は日本国民であると同時に、かけがえのない人生を送る個別的存在でもある。人々は、個性的な生き方を望み、他者（国家を含む）から特定の生き方を押しつけられることを拒否するし、そのような時に、人々はみずからを「権利主体」として自覚する。このように、立憲主義の根拠が、われわれの現実生活のうちにあることも事実なのである。そう考えると、人々がどこまでこのような感性を有しているか、すなわち権利や民主主義の精神がどれだけ成熟しているかに、憲法の将来がかかっているということがわかる。

3　戦後憲法体制は覆るのか？

さてここで視点を変えて、このような自民党草案あるいはその亜流の改憲案が国民に承認され、日本が前近代的憲法を擁する国家へと変わる可能性があるのか、という点を検討しよう。この問いへの解答は、護憲運動の根本的性格を決めることになるであろう。ナチスは政権奪取後（一九三三年）、「全権委任法」を国会で通し、ワイマール体制を葬ったが、はたして日本の右派改憲勢力が、戦後体制を否定することができるのであろうか。この問題を考える際に、ふまえるべき点が二つある。一つはすでに問題とした市民社会の成熟度であり、もう一つは、自由主義的民主主義と市場を基軸とする戦後体制の堅固さである。ここでは後者について論じ、前者については、次節でさらに論じることとする。

その点でまず取り上げるべきは、右派の代表格であるかつての維新の会（現在の維新の党）である。ところで維新の会は、その主流が次世代の党と分離し、結いの党との合同により維新の党に衣替えしたが、ここでは維新の会当時の綱領（現在は死文化）を分析する。この綱領はむしろ次世代の党の考えを現しているが、右派改憲勢力の考え方をよく表しているからである。

さて維新の会の「反体制」的性格は、以下の綱領の一文に示されている。「維新の会は……日本を孤立と軽蔑の対象に貶め、絶対平和という非現実的な共同幻想を押しつけた占領憲法を大幅に改正し、国家、民族を真の自立に導き、国家を蘇生させる」。これを読めば、この政党が国家主義的、民族主義的立場から戦後体制を否定しようとしていることは、明確であるように思われる。しかしそれが困難であることは、綱領自身の矛盾する性格が物語っている。というのは、そこには「『法の支配』『自由主義』『民主主義』等の価値を共有する諸国と連帯し世界の平和に貢献し……」とあり、憲法原理を容認しているのである。戦後体制の打破と、憲法原理の容認とはどのようにして両立するのであろうか、まさに自己撞着という以外ない。なお次世代の党の前回の総選挙での大敗は、国民がこのような極右的、現体制否定的な政党を望んでいないことを示した。

この点は安倍首相も共有するジレンマである。かれがナショナリストとして、戦前日本の侵略行為を相対化しようとする歴史修正主義者であること、その点で、次世代の党と価値観を共有していることは明らかである。他方で、彼はアメリカをはじめとする西側諸国と自由、民主主義、市場経済の価値を共有することによって、中国と対抗しようとする。しかし、西側諸国と価値を共有するためには、国際的に受け入れられる歴史認識が前提となる。自由、民主主義を踏みにじった日本軍国主義の侵略行為を肯定することは、戦後体制を否定することを意味するからである。

事実、安倍首相による「侵略の定義は定まっているわけではない」「村山談話をそのまま継承しているわけではない」といった国会答弁（二〇一三年四月）は、アメリカからも警戒感を持って受け止められた。そのため、官房長官はその後「歴代内閣と同じように、村山談話を継承する」と答弁せざるを得なかったし（同年五月）、また終戦の日（同年八月一五日）における、靖国参拝を取りやめざるを得なかったのである。

一九九五年の村山富市元首相による日本の侵略と植民地支配の謝罪は、たんなる首相個人の見解ではなく、当時の自民党・社会党・さきがけの三党連立内閣の歴史認識であり、日本が西側諸国の一員として認められるための基本的条件なのである。これを否定することは、西側の一員として留まることを放棄することを意味する。安倍首相をはじめとする歴史修正主義者のジレンマは、この点にある。よく指摘されるように、戦争責任と正面から向き合ったドイツと日本との違いがここにある。

今後、維新の会のような右派ポピュリズム勢力が、形を変えて現れるであろう。その理由は、戦後体制には中央集権的性格や官僚制の弊害、社会保障システムの矛盾など、解決されるべき課題が山積しており、しかも既存の政治勢力が、その解決の道筋を示し得なかったからである。戦前の日本やドイツで全体主義勢力の台頭を招いた要因が、議会政治への国民の不信であったことを考えるならば、戦後体制が蓄積してきた、このような矛盾の解決の展望とプログラムを、責任を持って提示することが重要であることを付け加えておく(8)。

4 立憲主義とリベラリズムにひそむ弱点——憲法を暮らしの中に

さて護憲の最終的な力は、市民社会の成熟の度合いにあるということであったが、この点と関わってまず、護憲のための市民社会力を高めるために、立憲主義とその思想的バックボーンであるリベラリズムの抱える、いくつかの問題点を理解しておく必要がある。

立憲主義の本質は、個人の自由や多様なライフスタイル擁護のために、国家権力の行使を制限するところにある。その前提には権力に対する警戒感があった。問題はこのような立憲主義の防御的性格が、消極的な政治姿勢と結びついているという点である。一定の政治目的の達成のためには、目的を共有する仲間の協力と結集が必要であるが、個人の生き方への介入を拒否するリベラルな個人主義から、連帯の論理を導き出すことは容易ではない政治的目的が集団的に達成されることを考えるならば、リベラリズムの政治的結集力の弱さは、「九六条の会」など、立憲主義擁護の運動にも反映せざるを得ないであろう。

しかし国家権力は、間隙をついて国民の生き方をたえずコントロールしようとする。特に個人主義の行きすぎや権利の乱用が、社会的批判を引き起こすとき、市民社会の保守的な基盤に依拠しながら、そのような傾向を強めることになる。自民党改憲草案の背後に、このような問題意識が働いていることは明らかである。したがって、立憲主義やリベラリズムを護るためにも、人権や民主主義など憲法原理を、市民社会に定着させることが求められるわけである。

国家の道徳的中立性を確保し、個人の多様なライフスタイルを擁護することは、たんに恣意的で、何でもありの社会を追求することではない。自己の権利追求と同時に、他者の権利を尊重し、豊かな公共精神、民主的文化に満ちた市民社会を形成することこそ、成熟社会の目標である。その意味では、M・サンデルが言うように、リベラルはもっと道徳（良質の憲法理念と適合する）を語らねばならない[9]。

ところでこの問題は、権利と民主主義の矛盾的関係とも重なっている。国民は「権利の主体」であると同時に「民主主義の主体」でもあるが、両主体は同一の主体でありながら、緊張関係にある。「権利の主体」（特に自由権）において問題となるのは、国家権力に対する警戒感であるが、「民主主義の主体」に対しては、政治権力の行使者としての積極的役割が求められる。民主主義は本来、権力行使の方向性を多数決によって決める制度だからである。その過程で、多数派が少数派、個人を抑圧することがしばしば起きるように、両者は矛盾的関係にある(民主主義に先立って、憲法で権利の普遍性、永久不可侵性が強調されるべき理由がこの点にある)。

かりに、権力への警戒感から自己の権利の殻に閉じこもるなら、人々は権力へのコミットをできるだけ控えることになるであろう。このような政治的態度が、政治を他者にまかせる議会制民主主義の負の側面と結びついていることは、容易に想像可能である。そして、議会制民主主義から観客民主主義への道は、ほんの一歩にすぎない。リベラリズムのかかる一面が、市民の側における政治への傍観者的な態度と、他方で、政治家の側における傲慢と専断を生むことになる。

このような矛盾を避け、民主主義の機能を取り戻すためには、人々の民主主義的決定への参加の機会を増やす以外ない。人々の信頼関係と参加が、民主主義を機能させることは、R・パットナムによる社会資本(Social Capital)の研究が明らかにしたところでもある(10)。

現実には、選挙などを除き国政への参加は、制度的に制限されているのが現状である。多くの国民にとって重要なのは、家庭や職場、各種組織など各レベルの市民生活において、物事の決定への参加の機会を増やすことである。その際、相互の立場を尊重して熟議をこらすこと、すなわち参加と責任、相互尊重の文化を形成することが社会的課題になる。特に熟議は、無責任なポピュリズム的参加を抑止する上で重要である。市民社会におけるこのような文化の定着が、自民党草案に代表されるような、道徳主義的で市民生活介入的な改憲に対する最終的な、しかも最も力強い抑止力となるであろう。

5　護憲運動で求められる政党のあり方

最後に、これまでの考察をふまえ、護憲運動の有効な展開の実践的課題をいくつかあげておこう。憲法問題の性格からすれば、まず問題となるのが、市民社会の成熟と市民社会的諸活動の水準であるということであったが、この点で明らかにしておくべきは、護憲運動における政党の位置と役割である。立憲主義が護憲の主要な課題になる場合に、政党が運動の中心になるのは矛盾である。というのは、政党は野党であっても、権力をめざす存在であるかぎり、立憲主義にとって潜在的に危険な存在だからである。社会主義的な政党あるいは宗教政党は、そのイデオロギー的性格により、特にその懸念が強いと言わねばならない。

しかし最終的に判断を下すのが国民であるとはいえ、改憲の発議は国会レベルでの闘いにかかっており、このレベルでは、政党が中心とならざるを得ない。したがって、政党と護憲勢力の協力、さらに政党間の連携が重要であることも事実である。特に前者の有効な協力のために問われるのが、政党の体質である。政党組織が市民社会に受け入れられ、支持される存在へと脱皮するには、リベラルな文化の体質化が必要になる。リベラルでない政党が、護憲運動をになう矛盾については、多言は要らないであろう。

その点では、共産党のような社会主義的勢力のリベラル化が問われている。この課題が重要なのは、現在の国会では右派勢力が優勢で、従来の保守も含め、リベラルな勢力が劣勢である、という現実があるからである。事実、二〇一四年の総選挙では、第三極に失望した無党派層の票が、共産党に流れたというデータがある。このような傾向を継続的支持へとつなげ、革新政党の基盤の強化をはかるには、組織の自己改革が求められている。特にその関係で重要なのは、政党組織が市民社会の先進的要素を反映すること、すなわち権利意識や参加意識、議論の文化などをみずからの組織原則にすべく努力することである。

この点が重要なのは、かつてドイツ社会民主党を例として、政党の寡頭制的支配を分析したR・ミヘルスの研究にあるように、組織はいったん成立すると、独自の論理（官僚化や組織維持の自己目的化など）に支配され、現実から遊離する傾向があるからである。官僚化は近代の避けがたい属性であるとしても、参加や自由な議論を阻害する傾向を有している。特にミヘルスが指摘したように、有給の組織幹部の利害が組織本来の目的に優先する弊害にも注意しなければならない。このような矛盾が政党組織を市民感覚から乖離させ、国民の政治に対する失望と不信を生む原因となる。[11] このような弊害を防ぐためには、組織自体が市民社会と組織的に接合することにより、たえず変化する現実を反映しうる形に編制される必要がある。

この点で参考になるのが、政治学者、F・デッカーによる政党の再活性化の戦略である。かれは「政治に関心のある市民の参加潜在力を高めるために、政党の党内構造の柔軟化が必要である」として、党活動の敷居を低くすること、具体的には、非党員の参加できる政策づくりフォーラムや、首相候補者や重要政策の決定に非党員を参加させることなどを提案している。[12] もちろん党員に対してさえ、このような民主的手続きを欠いた権威的な性格の政党組織では、まず党員の実質的参加を保障することが前提になる。基本的政策や人事の決定のプロセスが不透明では、市民社会に受け入れられることはむずかしいからである。

この関係は政党間関係においても同様である。憲法破壊勢力に対しては、反ファシズム統一戦線と同様のスタンスで臨む必要があるだろう。近代憲法を守ることは、歴史的課題だからである。ただこの問題では、社会主義勢力は苦い歴史的経験を有している。かつてコミンテルンの指導に従い、ドイツ共産党は社会民主主義勢力をナチスと同様、主要な敵として位置づけることによって（社会ファシズム論）、統一戦線の可能性をみずから放棄し、敗北の道を選んだからである。このような路線は、当時のドイツ共産党の権威的体質と結びついていたと考えてよい。一九二〇年代以降、ローザ・ルクセンブルク時代の民主的な党内文化は失われ、上意下達の権威主義的な組織運営が支配するようになったが、社会ファシズム論は、このような組織文化の変容の中で受け入れられた。[13]すでに述べた組織のリベラル化が重要なのは、このように、統一戦線にかかわる路線の問題とも結びついているからである。[14]

護憲運動の強化は、日本の将来を左右する歴史的課題であるが、この課題は同時に組織の成熟を含め、あらゆるレベルでの社会の成熟を求めているのであり、護憲運動の成功はその成否にかかっている、と言っても過言ではないであろう。

(1) 二〇一二年の自民党改憲草案は二〇〇五年のそれとくらべても、前近代的性格と立憲主義否定の点で際立っている。二〇〇五年の草案には国柄規定はないが、この案の作成責任者の舛添要一・現東京都知事は、当時の中道左派を含めた合意を得ることを目的としたと語っているが（『文藝春秋』二〇一三年七月号、「憲法改正大論争」）、憲法学者の長谷部恭男氏も、二〇〇五年草案は、思いのほか復古的色彩に欠けており、それは真剣に憲法改正をめざしているからであろうと述べている（『憲法とは何か』岩波新書、二〇〇六年、一六頁）。逆に言えば、二〇一二年の草案は、実現を重視したというよりも、自民党の本音を率直に語った、ということなのであろう。

(2) 樋口陽一『いま、憲法改正をどう考えるか』（岩波新書、二〇一三年）八八頁。

(3) 田辺元の『種の論理』（藤田正勝編、岩波文庫、二〇一〇年）をよく読めば、種は「個」と「類」をつなぐ媒介項として、また普遍（類）へといたる過程において位置づけられており、それ自体で完結するものではないことがわかる。その意味では、普遍に開かれていない「種の論理」が、グローバル化の現代に現れたことはアナクロニズムと言う以外ない。

(4) 高橋和之編『新版・世界憲法集』（岩波文庫、二〇一二年）五二頁。

（5）草案「Q&A 13」では権利生得説（天賦人権説）を否定し、その歴史的、伝統的制約を強調している。
（6）H・アーレント『全体主義の起源』（みすず書房、一九七二年）、「第二部 帝国主義」、五章。
（7）自民党草案の前文については、佐々木弘道「憲法の前文」（奥平康弘・愛敬浩二・青井未帆編『改憲の何が問題か』岩波書店、二〇一三年、所収）が詳しく批判している。
（8）ヨーロッパをはじめ、ポピュリズムの性格や動向を知る上で、高橋進・石田徹編『ポピュリズム時代のデモクラシー』（法律文化社、二〇一三年）が参考になる。
（9）M・サンデルは、リベラリズムの公共的理性のビジョンがあまりにも貧弱なため、活力ある民主的生活の道徳的エネルギーが取り込めず、その結果「道徳的な空白が生まれ、不寛容な道徳主義や、見当違いでくだらないその他の道徳主義を招きよせる」と指摘している。サンデル『公共哲学』（ちくま学芸文庫、二〇一一年）三六四頁。
（10）R・パットナム『哲学する民主主義』（NTT出版、二〇〇一年）参照。
（11）R・ミヘルス『現代民主主義における政党の社会学――集団活動の寡頭制的傾向についての研究』（木鐸社、一九七四年）、特に「第一章 組織の保守的基礎」参照。
（12）坪郷實「ポピュリズム時代における新しい民主主義の展開と市民社会戦略」（高橋進・石田徹編、前掲書、所収）参照。
（13）望田幸男・野田宣雄他『ドイツ現代政治史』（ミネルヴァ書房、一九九六年）。特に「四章 ヴァイマル大衆民主主義の開花と凋落」参照。
（14）この点で、労働者との共闘は認めるが政党間の統一戦線を否定したコミンテルン・ドイツ共産党の誤りに対する、不破哲三氏の以下の指摘は重要である。「『下からの統一戦線』の方針は、『統一戦線』の言葉こそ掲げているものの、実際には、労働者のあいだの『障壁』をうちくだくどころか、反ファシズム統一戦線の形成に共産党の側から『厳重な』障壁を築いてしまう方針でした」(「コミンテルン第七回・上」、『前衛』二〇一三年三月号)。

第4章　民主的教育運動の活性化を考える——求められる発想の転換——

1　教育・研究体制の困難はどこから

　大学評価学会が二〇〇四年に設立されてから、一〇年が経過した。最初からの会員で、後に共同代表を務めた者として、この一〇年間を振り返ると同時に、高等教育の世界だけでなく、近年における教育や研究環境の変化とその特徴を、哲学を専門とする立場から、分析的かつ総合的に考えてみたいと思う。このような作業が求められる理由は、戦後の教育・研究体制は現在厳しい局面にあるということ、その点を確認した上で、当面する困難を乗り越え、時代にかなった運動論を構築することが、民主的な教育運動や、学会活動を活性化するために不可欠であると思うからである。

まずこの一〇年間の教育、研究をめぐる時代の変化と、政治的動向を概観しておこう。二〇〇四年に国立大学が独立行政法人化され、評価が義務化された。その後、国公私立を問わず、学長はじめ執行部・理事会の権限が強化され（たとえば学長選出）、教授会自治の範囲は限定される傾向が強まっている。また他方で、グローバル競争を背景に、具体的成果を性急に求める経営的視点（PDCAサイクルの導入など）が教育・研究の世界に広がりつつある。それは具体的には、理工系重視、基礎研究の軽視、評価と資源配分のリンクなど、大学を企業的存在へと改編していくやり方として現れている。教授会機能の空洞化、学長・理事会権限の強化を狙った学校教育法の改定（二〇一四年）は、このような傾向の集大成ととらえることができる。

高校以下の教育体制の再編についてみれば、日の丸・君が代問題をテコとして教員への管理が強化され、またいじめ問題への対応など教育委員会の実効性が問われる中で、政治的中立を担保すべき教育委員会体制が政治的圧力にさらされている。このような動きは、行政当局の教育関与の強化を企図した、地方教育行政法改定（二〇一四年）として現実化したことは周知のとおりである。この背景には、教育をとりまく政治情勢の変化がある。

二〇〇六年には第一次安倍政権によって教育基本法が改定され、愛国心規定（我が国と郷土を愛する……）や教育振興基本計画が盛り込まれたが、教育基本法の前提となる憲法についてみれば、自民党の復古的憲法草案の提案（二〇一二年）、九六条先行改憲などの動きにみられるように、改憲の動きが具体化しつつある。このような動きの背景には、靖国派・第二次安倍政権の誕生、「維新の会」（現在、結の党と合流し維新の党）に代表される、右派ポピュリズム勢力の台頭があることは言うまでもない。

以上のような教育・研究をとりまく情勢を分析すると、そこには大きく二つの側面があることがわかる。一つは国際経済競争に勝ち残るための産業競争力強化を目的とした研究体制の再編や人材育成（グローバル人材）といった経営的、実務的側面からの要請である。もう一つの側面は、さらに二つに区別することができる。一つは、第一の側面の課題を有効に遂行していくための行政機構の強権的再編であり、具体的には教授会自治の制限、執行部体制の強化、教育委員会制度の「改革」などが入る。もう一つは、安倍政権に特徴的な復古主義的教育再編であり、その典型が道徳教育の教科化や教科書検定基準の見直しである。

ところでこのような動きに対して、これまで残念ながら革新サイドは有効な対抗軸を立てられなかった。この点について、米田貢氏は『危機に直面している日本の大学』で以下のように述べている。右より教育・研究体制の再編に対抗する動きは、「対抗軸の提起の点でも、反対運動の組織化の点でも、大きく立ち遅れている……問題は、この現状をもたらした一連の大学改革を全面的に総括し、それにとって替わる大学ビジョンを……構築することができないでいることである(1)」。

なぜそのような現状にあるのか、われわれは真剣に考えねばならないが、対抗軸が提起できない第一の理由は、現状分析の仕方にあるというのが、わたしの考えである。

2　時代をどう認識するか――歴史の本流と逆流を見きわめる視点

現状分析においてまず求められるのは、時代の特徴を正確に把握することである、さらにそれを歴史のマクロ的傾向の中に位置づけ、評価することである。実効性のある対抗軸と戦略は、この点をふまえて初めて可能となるからである。特に現在のように、「戦後レジームからの脱却」をめざす反動的政権が支配する時代においては、特にその点が強調されねばならない。教育改革についても同様である。

しかし戦後の民主運動においては、「権力から出てくるものはすべて悪である」といった、ステロタイプな思考が支配していたように思われる。その背景には、すべてを体制問題に還元する政治的党派主義があったのではないか。左右の政治的対立と体制選択が主要な課題であった状況下では、支配層から出てくる政策の諸側面を真剣に分析しようという問題意識は、はじめから失われていたのであろう。しかも体制選択が現実的な目標とならない状態では、情勢分析は客観主義的とならざるを得ないものである。

しかし体制選択が課題とならない現実においては、支配層の政策をていねいに分析し、よりましな要素と否定的な要素、否定的な要素においてもその程度を正確に仕分けする必要がある。現状は、資本主義はさまざまな矛盾を伴いながら、いまだ生命力を維持しており、発展（資本の文明化作用）の途次にある。進歩は痛みを伴うものであるが、その矛盾に目を奪われ、歴史の基本的底流を見逃してはならない。マルクスが予見した、資本主義のグローバル化の進展、あるいは小さい政府論が主張する、国家機能の市民社会への部分的委譲（国家権力の市民社会への再吸収という共産主義の究極的命題の嚆矢ととらえるべきである）などはその一例であろう。

　他方で資本主義の展開は、貧困や格差の拡大、グローバル化と国民国家の揺らぎによる社会的不安の拡大、それに起因する偏狭なナショナリズムなど反動的傾向を伴うものであり、それが教育政策に反映するのも事実である。ここではあえて前者を「歴史の本流」、後者を「歴史の逆流」と名づけておこう。

　問題をむずかしくしているのは、両者が別々にではなく一体のものとして現れるという点である。しかしそもそも歴史は、善と悪が争う神学論争の場ではない。歴史には相反する二つの傾向があざなえる縄のごとく存在しており、それらが相互に影響を与えながら、ジグザグに展開する。しかも否定的なものを通して肯定的なものが現象するというように、弁証法的な過程をたどりながら、最終的には、進歩的な傾向が貫徹するのが歴史の特徴である。大事なことは両者の傾向を切り分けた上で、対抗戦略を考えることである。戦後の教育運動が必ずしも有効な対抗戦略を提起できなかった最大の理由は、この二つの側面を切り分ける認識論を欠いていた点にあると思われる。

3 「歴史の逆流」とその教育政策

対抗軸を考える上で、まず問題とすべきは「歴史の逆流」である。すでに述べたように、本流から現象する現実的諸傾向は資本の論理が主導するため、さまざまなゆがみを伴うとはいえ、それを頭から否定するのは誤りである。しかし本流にも媒介されながら現れる保守的、復古的諸傾向は、われわれが批判し、否定すべき主たる対象として位置づけられねばならない。1で述べたように、安倍政権の掲げる諸政策には、戦前の日本の戦争政策の再評価や靖国参拝など歴史逆流的な要素が多い。「教育改革」について見れば、教科書検定基準の見直し、愛国心の強調、そして極めつけとしての道徳教育の教科化などである。

これらの歴史の逆流を支える政治勢力としては、自民党靖国派やかつての「維新の会」、次世代の党などが、また市民社会レベルでは「新しい歴史教科書作る会」、それにいわゆる「ネット右翼」などが存在する。ヘイトスピーチを繰り返す「在特会」などはその行動部隊と言えるであろう。

このような勢力の台頭を生む背景には、ゼロ成長下での富の分配の不均衡、貧困・格差の拡大と非正規雇用層の増大など社会の不安定化がある。特に若者の置かれた不安定な生活環境と、将来不安は深刻である。時代の不安がそのはけ口を求め、領土問題などをきっかけとして排外的ナショナリズムと結びつくことは、歴史の教訓でもある。安倍政権がこのような時代の不安を逆手に取り、利用していることは、「日本らしい日本」「日本を取りもどす」といった安倍政権のナショナリスティックなスローガンや、対中国、対韓国の強硬姿勢が示している。

さてそれでは、道徳教育の教科化、愛国心教育、教科書基準の見直しなど安倍政権の基調をなす歴史逆流的教育政策に、どう対応していくべきであろうか。

この場合においても、問題の正確に応じて、ていねいな対抗戦略が練られる必要がある。機械的な対応は、国民の賛同を得られないからである。

まずいじめ問題を口実とした道徳教育の特別教科化（検定教科書の作成や数値評価を予定する）について見れば、第一に、それが特定の保守的価値を前提とする点で、立憲主義の前提である国家の道徳的中立性の原則に反するものであり、第二に、戦前の修身科と同じように、特定の価値を権威的に注入することにより、子どもの自律的な人格の形成を妨げる点で、原理的に受け入れられないものであり、全面的に批判しなければならない。教科書検定規準の見直しについても同様である。そもそも教科書検定制度の存在自体が、日本の後進性を現すものであることを確認しておきたい。

一方、道徳教育の内容のひとつである愛国心の問題は、これとは同一次元で論じることはできない。というのは、偏狭な愛国心は民族間対立をもたらす点で、歴史逆行的性格を帯びているが、開かれた愛国心は、逆に、国際融和を促進する点で、歴史進歩的な役割を果たすからである。したがって愛国心に対しては、現場での柔軟な教育的対応が求められることになる。具体的には、愛国心を否定するのではなく、そのあるべき姿を論じ（偏狭な愛国心には反対し、開かれた愛国心を強調する）、あわせて、その数値的評価には反対するといった姿勢である。この点を取り違え、愛国心一般を単純に否定したり、あるいはコスモポリタニズムを対置するやり方では、国民的支持を得ることはできないであろう。

教育行政の問題としては、教育委員会体制の改編があるが、これもたんに政治的中立性を擁護する観点からだけの反対では不十分であろう。その実効性が問われている以上、教育委員会を実質的に機能させる提案が必要である。その点で興味深いのは、大阪箕面市の実践である。箕面市では教育委員の過半（六人中四人）を公募による父母代表や教員経験者が占めており、かれら・かのじょらが現場に入り、さまざまな提案をしている。このような試みは、「新しい公共」概念に基づく、学校と地域との連携を軸とする公共型学校づくりなどと並び、教育権の市民社会への再吸収のさきがけとして位置づけることもできる。(2)

4　戦後教育政策の再評価

ところで教育改革に対する対応のむずかしさは、これまでも教育制度や教育内容をめぐって、民主的教育運動の側においても、各種の意見の相違を生み出してきた。教育制度について見れば、それは各種規制緩和の評価であり、また教育内容について見れば、ゆとり教育や新学力観、個性重視教育の評価である。ここでかつての議論を振り返り、整理しておくことは、今後の対抗軸形成を考えるためにも有意義な作業であろう。

その点でまず取り上げるべきは、一九八〇年代における中曽根臨教審による教育の自由化・規制緩和路線の評価である。明治以来、第三の教育改革と呼ばれたこの改革ほど、内容や手法の点で話題を集めたものも珍しかった。そこには、さまざまな議論されるべき要素が含まれていたからである。

憲法学者の内野正幸氏は、臨教審による自由化路線について、以下のように述べている。「戦後の公教育をめぐる議論、すなわち「国民の教育権」説と「国家の教育権」説の両者には「子どもの教育を受ける権利を満たすために公教育を確保しよう、とする点で共通したものをもっている」。これに対して教育の自由化論は、学校教育に対する国家の介入を少なくしようとする方向性を持っており、そこには脱学校論と相通じる進歩的性格が含まれているとする。[3]

氏の立論には、教育をめぐる国家と市民社会の基本的関係に関する問題意識が存在する。この問題意識が重要なのは、教育の規制緩和の中には、すでに述べた教育権（国家機能）の市民社会への再吸収に貢献する要素が含まれているからである。教育政策は左右の対立軸だけでなく、国家と市民社会の関係という、もう一つの座標軸との関係でもとらえられなければならず、このようなマクロ的歴史認識に基づく座標軸を欠いていたことが、臨教審の規制緩和路線への対応を不正確なものにしたことは否めないであろう。

九〇年代以降の多様化路線、すなわち学校選択制、中高一貫性、飛び級などの評価についても、同様の視点からの総括が求められている。選択制について、かつて黒崎勲氏は学校参加の一形態として、「学校選択の理念についても、われわれは、より具体的なかたちで検討を加えるべきであろう」と述べ、「親に対して確実で具体的な教育への発言権を保障する切り札となる可能性を持つ」点を指摘した。[4] 選択性は市民社会の成熟度にも規定された矛盾を抱えてはいるが、それが自由の拡大であるかぎり、これを頭から否定することはできないからである。

教育内容については、一九九〇年代初頭の「新学力観」をめぐる評価をあげることができる。かつてこの問題に取り組んでいた須藤敏昭氏は、新学力観に対する「偽装された旧学力観・旧能力主義」（竹内常一）、「まやかしの進歩主義」（丸木正臣）という評価に対して、「とはいえ、新学力観は一定の政策展開であることはまちがいない。それが含んでいる矛盾や弱点を見きわめながら、われわれの側も新しい時代が要請する教育制度論、学習・学力論を探求していかねばならない」と述べているが[5]、この評価の温度差は、新学力観の意図するところが、新しい時代の学力のあり方を、それなりに先取りしていることに起因している。

というのは新学力観から始まり、個性尊重のゆとり教育、知識よりも問題解決能力重視、総合学習、それに「生きる力」などこの間の一連の学力観の変遷には、大量生産に見合った画一的知識習得中心の教育から、グローバル時代の先進資本主義に相応した創造力中心の教育への変化を求める、資本の歴史進歩的要請が働いていたからである[6]。しかしこのような傾向がいかに進歩的であるとはいえ、資本の要請に基づくものであるかぎり、子どもの人格発達を目標とする教育学の考えと一致することはない。もともと学校という場は、進歩的な傾向や教育目標がストレートに実現される理想的空間ではない。教育目標は社会的、産業的要請に媒介されざるを得ないものなのである。それゆえ、われわれに求められるのは、資本の文明化作用に基づく進歩的側面を受け止めながら、産業政策あるいは資本の目先の要請として現れるが故の矛盾を、最小限にとどめるような、柔軟できめ細かい政策的対峙なのである。

このような立場から、新学力観をめぐる民主的教育運動の側における議論を振り返ると、そこには二つの問題点があることに気づく。ひとつはそれが産業政策にもとづく資本の歴史進歩的要請であることの正確な分析が弱いという点であり、もうひとつは、それがなされている場合でも、それを運動論につなげる価値判断が欠けているという点である。価値判断なくしては、強力な実践は展開されないことも確認しておきたい(7)。

5　二つの保守の対抗のもとで

歴史のマクロ的認識にもとづく情勢分析は、有効な対抗軸を形成し、われわれの運動を正確で実効性のあるものにしていく上で不可欠な前提であるが、現代における教育政策をめぐる戦略のあり方に関して、教育社会学者の広田照幸氏が興味深い提言をされている。本章の問題意識とも重なる議論なので、参考までに紹介しておこう(8)。氏は左派勢力がマイナーになってしまった現状では、教育政策をめぐる対立の主軸が保守と革新との対立ではなく、二つの保守グループの間のそれになったととらえ、このような時代においては、左派的な教育運動は勢力の退潮に悩むだけではなく、運動のあり方を柔軟化することが求められている。またそのことによって、新しい可能性が開けるという。二つの保守派とは、新自由主義的改革論者と従来の自民党タカ派的保守派である（なお新自由主義を同じ保守主義でくくるやり方には賛成できない面があるが、ここでは論じない）。

氏によれば、臨時教育審議会以降、この二つの保守の対立が教育をめぐる争いの中心軸となってきたという。第一次安部政権が発足させた教育再生会議には、学校選択制の拡大やバウチャー制度を主張する前者と、道徳教育の教科化を主張する後者がともにメンバーに加わっていた。このような状況でかつての左派が影響力を行使しようとすれば、二つの保守の対立を利用してみずからの主張を実現する、あるいはより反動的な政策に歯止めをかける、いわば「しがみつき戦略」といったやり方を採用する必要がある。具体的には、中央からのナショナリスティックなイデオロギー的統制の強化に対しては、新自由主義者とともに批判し、市場原理や競争を通した統制に対しては、旧来の保守と足並みをそろえて批判抵抗するやり方である。

このような運動論が、図らずして相手に利用される（連立政権を組んでいる公明党がそのよい例かもしれない）危険性を帯びていることは言うまでもない。しかし現実に対して外在的に臨み、理想を説きながら傍観者的立場に満足し、結果的に教育の保守化に手を貸すよりは、ましと言うことができるかもしれない。高等教育政策についてはさらにきめ細かい分析、評価が必要である。具体的には、制度面では、設置基準の大綱化や国立大学の独立行政法人化、評価問題など、また教育内容面では学士力やグローバル人材、さらに高等教育における職業教育の評価などであるが、すでに紙幅が尽きたので、この点については他日を期したい。

補論――求められる新自由主義の正確な評価

新自由主義の評価は、本章で問題とした現状認識の最大のテーマであり、今後の対抗軸を考える上で重要であるので、ここで別途、簡単に論じておこうと思う。まず問題とすべきは、一部の知識人をも支配するステロタイプな思考、すなわち新自由主義を絶対悪とみなす立場から、社会的、政治的諸改革の矛盾を新自由主義に収斂させ、断罪してすませるやり方である。しかしこのような見方は、本論でも述べたように、現実の政治、経済情勢の複雑な性格を見逃し、結果的に有効な対抗戦略を構築する上で、障害となる危険性が高い。

新自由主義に対する評価は、多様な角度からなされなければならない。その本質について言えば、それが「大きな国家の失敗」を理由とした、市場原理の徹底（資本の最大限利潤追求）、そのための規制緩和、民営化の要求にあることに異論はないであろう。しかもそれが資本の生き残りをかけたグローバル競争に媒介されているために、その矛盾が厳しく現れているのが、二一世紀における新自由主義の特徴である。

しかし大事なことは、具体的文脈においてその現われをていねいに分析することである。経済的、社会的規制がすでに緩い国において新自由主義が現れる場合と、必要以上の規制が支配している国においてとは、その評価が異なるのは言うまでもない。日本の教育における規制緩和も、そのような視点から評価される必要があるであろう。ついで、規制緩和や民営化が適用される領域の問題、いわゆる社会的規制と経済的規制の区別がある。医療や教育、福祉など生命や生活の基本にかかわる社会的規制の緩和、それに農業などの国土の基本にかかわる部門における規制緩和、民営化は一般的に抑制的であるべきである。ナショナル・ミニマムという概念があるが、生命の平等を危うくするような医療改革は、厳しくチェックされねばならないし、また教育では高等教育部門も含め、機会均等の原則は厳しく守られねばならない。労働法制に関する規制緩和も基本的に同じであろう。

しかし多くの産業部門では、かつてのような保護主義的護送船団方式が維持されるべきとは言えない。もちろんその痛みを緩和するための、国家による対策が重要であることは言うまでもない。しかし福祉を含めすべての業務が、国家・行政によって行われてよいわけではない。むしろ福祉を国家がになうことによって、効率性の問題だけでなく、受給者の人権にかかわる問題を生むこともある。教育においても、あらゆる段階で平等主義的規制を加えることは、個人の個性や権利を逆に阻害することにもなる。

同時に見逃してならないのは、新自由主義的改革は、日本では各種の社会構造改革と並行して行われているという事実である。その背景には、戦後の日本社会の後進性がある。具体的には、二〇〇〇年前後から始まった各種の構造改革、すなわち地方分権化、福祉の構造改革、介護保険制度の導入、司法改革、ＮＰＯ法の成立（一九九八年）、それに教育改革などである。これらの諸改革が、さまざまな矛盾を伴いながらではあるが、日本の人権や民主主義の深化、当事者意識の形成、市民社会の成熟に貢献する側面を確認しておくことは、特に対抗戦略を考える上で決定的に重要である。その意味で新自由主義的規制緩和と構造改革との切り分けが必要であり、その点で「新自由主義的構造改革」という表現が不正確で、実践的に有害であることを認識すべきであろう。

　この問題については別に論じているので、ここでは詳論しないが、たとえば三位一体の名による地方制度改革は、地方交付税の削減と一体であったため、都市と地方間の格差を拡大したが、同時に厳しい地域の現実にねざした、住民主体の地域づくりを進めるきっかけとなった。これなどは否定的なものを通して、肯定的なものが現れる歴史の弁証法の一例であろう。また裁判員制度導入を柱とする司法改革は、司法に対する国民の当事者意識を高めることになった。さらに措置制度から契約への移行、介護保険の導入を柱とする福祉改革は、さまざまな矛盾を抱えながらではあるが、ＮＰＯの成立とあいまって、市民社会力を強化することにより管理主義的・人権抑圧的福祉を克服し、地域における変革主体の形成の条件を与えていると考えることができる。

（1）日本科学者会議大学問題委員会編『危機に直面している日本の大学』（合同書店、二〇一三年）八頁。

（2）箕面市教育委員会の構成と活動などについては、ホームページに詳しい。
（3）内野正幸『教育の権利と自由』（有斐閣、一九九四年）一五三頁〜一五七頁。
（4）黒崎勲「提言・父母の学校参加の運動と理論」（佐伯・汐見・佐藤編『学校の再生をめざして』3、東京大学出版会、一九九二年、所収）二二二頁。
（5）教育科学研究会編『新学力観をのりこえる』（国土社、一九九四年）三五頁。
（6）坂元忠芳氏は、この点を自覚しているようであるが、資本の産業的要請に媒介された歴史進歩的性格を見抜いていたとは思われない（『「新しい学力観」の読みかた』労働旬報社、一九九三年）。
（7）産業政策と新学力観の関係については、児美川孝一郎「新学力観の社会的背景」、平塚真樹「企業社会の現段階と新学力観」（前掲、『新学力観をのりこえる』所収）など優れた分析がある。
（8）広田照幸氏の議論については、「左派的教育運動の困難と可能性」（『季論』二〇一一年冬号〈一五号〉、所収）参照。

第5章　道徳教育の教科化と対抗戦略

二〇一四年末に成立した第三次安倍内閣は、第二次内閣以来の経済政策を継続する一方で、歴史修正主義的立場から、「戦後レジームからの脱却」路線を現実化しようとしている。そのひとつが国家による教育支配である。安倍首相が教育「改革」に熱心であることは周知のことである。第一次政権時代に教育再生会議を発足させ、教育基本法を改定したことは記憶に新しいが（二〇〇六年）、その後、かれが短期で政権を投げ出したことにより、安倍流教育改革は頓挫せざるを得なかった。今回は政権発足後すぐに、教育再生実行会議を立ち上げ（二〇一三年一月）、各種の「改革」を足早に実現しようとしている。その中心にあるのが、教育委員会制度の「改革」、教科書検定基準の見直しなどと並び、道徳教育の特別教科化である。道徳教育の特別教科化については、二〇一四年一〇月の中教審答申において、道徳の教科書の検定などとあわせ正式に導入されることが決まった。このままいけば、四年後には新たな道徳教育体制が始まることが予想される。

本章の課題は道徳教育の教科化に焦点を当てながら、安倍教育改革の意味と狙いを分析し、それに対抗する戦略を考えることである。その際、あらかじめ確認しておきたいのは、安倍首相の教育改革には、かれの歴史修正主義的復古主義が色濃く反映しているということ、この点は、近年の政権（民主党政権含め）による教育・研究改革が、国際競争力強化のための人材育成（生きる力やグローバル人材）とそのための機構改革が中心であったことにくらべて、大きな特徴となっている、ということである。

1 道徳教育の歴史と道徳教育の特別教科化の狙い

道徳教育の教科化が、戦前型道徳教育の復活を狙うものであること、その点で復古的性格が強いことを明らかにするために、ここで少し道徳教育の歴史を振り返っておこう。戦前の道徳教育は明治五年（一八七一年）の義務教育開始（学制）以来、科目（修身科）として行われてきたが、西欧に追いつくことを目標とした知育中心の教育政策の下で、それほど重視されていたわけではなかった。修身科が格段に重視されるようになったのは、教育勅語制定（明治二三年＝一八九〇年）以降のことである。

その後、教育勅語が修身科だけでなく、太平洋戦争にいたる戦前の教育の柱となり、忠君愛国の精神を子どもたちに注入することによって、多くの軍国少年を育て、戦場に送ったことは周知のとおりである。それは教科としての修身科が、時の支配層のイデオロギーを注入する上で、格好の教育形態であったからである。歴史は繰り返すというが、教科化された道徳教育が果たした、歴史的に負の役割を理解しておくことは重要であろう。

戦後、修身科への反省から、道徳教育は教科としてではなく、教育活動全体を通して推進する、いわゆる全面主義（科目特設主義に対して）へと転換した。しかしこの方法は長続きせず、戦後の右より教育再編の中で「道徳の時間」が特設されることになった（一九五八年）。しかし当時から現在にいたるまで、「道徳の時間」は教科ではなく（したがって教科書はなく）、数値評価も行われてこなかった。現行の道徳の指導書に「道徳教育の目標は……学校の教育活動全体を通じて、……道徳性を養うこととする」「道徳の時間に関して数値などによる評価は行わないものとする」と記述されているように、週一時間の「道徳の時間」はあくまで、各教科や特別活動などの教育分野で足りない部分を補うための、いわば補完的時間として位置づけられており、その点では、全面主義の前提は不変であった。

教育再生実行会議の提案する道徳教育の特別教科化は、このような戦後の道徳教育のあり方を大きく変えることを意味している。もちろん、戦後積み上げられてきた歴史を簡単に清算できるものではないし、「特別教科」という名称が示すように、他の教科と同じような教科書を作成し、道徳教育専任の教員を配置し、厳格な数値評価ができるわけでもない。しかし今後、安倍政権が続くかぎり、より厳密な教科化が押し進められることは、まちがいないであろう。

2 安倍教育改革にたちはだかる戦後社会体制

ところでこのような教科化の動きには、どのような背景が存在するのであろうか。その口実となっているのは、大津市の事件をはじめ、近年のいじめ問題であるが、じつは中教審の審議では見送られたが、すでに第一次安倍政権の教育再生会議の第三次報告の中で、徳育の教科化が提言されていたのである。その点では、道徳の教科化は安倍首相をはじめとする、自民党復古派の宿願でもあった。第二次安倍政権による教育改革の背後には、自民党のさらなる右傾化がある。この点を明らかにすることは、今後、国民に幅広く支持される運動を展開していく上で不可欠の作業と思われる。

まず安倍政権の母体となる自民党の性格の変化であるが、確認すべきは、自民党は民主党に政権を奪われ下野して以降、その性格を立党の原点に戻る形で、いっそう保守化させたという事実である。政党の性格は時の政治情勢や他党派との関係の中で決まるものであるが、二〇一〇年の新綱領は、当時の政権党である民主党との差異化をはかるため、保守的性格を顕著とさせている。立憲主義否定の復古的憲法草案（二〇一二年）は、そのような自民党の新たな性格を現したものである。

しかし重要なのは、安倍流保守路線が幅広い国民的支持を得ているわけではないという事実である。比較的高い内閣支持率は経済政策に対する期待と、民主党政権への失望によるところが大きく、決して国民が安倍政権の歴史逆行的保守主義を積極的に支持しているわけではない。その証拠に、立憲主義否定の自民党改憲草案に対しては、改憲派を含め反発が強く、九六条先行改憲も挫折状態にある。また特定秘密保護法の強行に対する国民の反発は記憶に新しい。そして中国、韓国だけでなく、アメリカを含め国際的批判を浴びた首相の靖国参拝や一連の歴史見直し論に対しても、国民多数は批判的である。

このような国内外の反発を受けて、官房長官は村山談話や河野談話の継承を認めざるを得なかった。そのため、政権基盤は発足当時よりもかなり脆弱化している、というのが専門家の見方である。そもそも国際関係含め、戦後の秩序を根本的にくつがえすような動きは、国民や国際社会が受け入れることのできないものなのである。

一定の価値を上から押しつけることにつながる道徳の教科化は、じつは、自民党の立憲主義否定の復古的憲法観の教育における表現と考えることができる。しかし、この種の権威的教育改革に国民が賛成するとは考えにくい。というのは、「日本の国柄」に基づく「日本人らしい生き方」を押しつけようとする、自民党の改憲草案に対して国民が反発したのは、日本人は戦後、権利によって保障される自由で多様な生き方を享受してきたからである。このような市民社会の成熟の水準のうちに、われわれの運動の可能性がある。

この点との関連で重要なのは、安倍流教育改革をゆとり教育や個性尊重を柱とする教育改革と区別することである。この間の財界の人材養成に応える教育改革は、資本・経営の論理によって歪められてはいるが、道徳教育を教科化し、一定の道徳的価値観に子どもを注入するやり方とは基本的に性格を異にしている。財界が求めるのは、グローバルに活躍できる「生きる力」と高付加価値を生み出す創造力を有する人材であり、復古的、権威的価値を従順に受け入れる受身的存在ではない。安倍政権は両者を同時に遂行しようとしているが、われわれの運動論は、両者の違いを切り分けた上で、歴史逆行的な教育改革に批判の焦点を当てる形で組み立てられる必要がある。

3　道徳教育教科化の矛盾

さてここで、教育的視点から道徳教育の教科化の問題性について、改めて論じておこう。簡単にまとめるならば、それは以下の二点に整理できるであろう。①特定の価値を国定のものとすることにより、教育の世界で立憲主義の精神を否定し、②その価値を、学校教育を通して子どもに押しつけ、その結果、子どもの人格的成長を阻害するという点である。①についてはすでに述べたが、付言すれば、教育目標はまず現場の生徒や先生、父母など関係者によって地域の実情をふまえながら練り上げられるべきであり、教育委員会や行政が上から指示するものではない。教育行政は教育環境の整備に専念すべきであるというのが、立憲主義国家における教育の本筋であることを再確認しておきたい。

ついで②の点に関わって強調すべきは、教科書を指定して評価を厳格化することは、道徳教育の知識化、形式化につながり、子どもの道徳性を発達させるどころか、「知識としては理解できても、実行できない」非道徳的な子どもを大量に作り出すことになる。いじめでもそうであるが、頭で理解することと、身につけることとは基本的に異なるのである。

わたしは大学で長い間、資格科目としての「道徳教育の研究」を担当してきたが、多くの受講生は、道徳教育イコール「道徳の時間」であると誤解しており、道徳教育にあまりよい印象を抱いていないことを感じてきた。その背景には、副読本に頼る「道徳の時間」が、道徳教育を知識化、形式化することにより、生徒の心に響かない道徳教育づくりに貢献している、という実態がある。

道徳教育に限らず、人間が人格的に成長するのは、書物による知識を通してではなく、他者との現実的人間関係をはじめとした、自主的体験を通してである。その意味で、道徳の教科化は、押しつけ的道徳を推し進めることによって、現行の道徳教育の矛盾をさらに拡大する恐れが強いと言わねばならない。一方すでに教育現場では、多くの実践が積み上げられてきている。今求められているのは、道徳の教科化ではなく、道徳教育を効果的に推進できる環境の整備であり、生徒の自主的活動を保障することによって、自律性と自治や協同の精神を育むことなのである。

4　対抗軸を考える——求められる「開かれた愛国心」

最後に、道徳教育についての基本的とらえ方と当面の具体的対抗軸を論じておこう。かつてわたしは、①道徳教育は教育の要であるということ、②現行の道徳教育の目標や内容には、人類の普遍的価値につながる側面が含まれているということ、③この点をふまえて道徳教育的実践を、国家（文科省）・行政主導ではなく、教育現場、市民社会主導で展開することが大事であると論じたことがある（碓井敏正編『教育基本法「改正」批判』文理閣、二〇〇三年）。

ここではこのような立場を基本としながら、愛国心を例に道徳教育のあり方を論じておこうと思う。愛国心は「改正」教育基本法の論争点のひとつであり、また安倍流歴史逆行的な教育改革と切り結ぶ重要なテーマだからである。安倍首相の歴史認識に基づく「愛国心」は、かれの「戦前の日本のアジア侵略の見直し」や「慰安婦問題」に関する発言を見ればわかるように、排外的で偏狭なナショナリズムに通じるものであることは論を待たない。

それでは愛国心をどのようにとらえるのが、正しいのであろうか。この問題を考える上で参考になるのが、かつてアメリカの進歩的知識人の間で起きた、愛国心論争である。その中で多文化主義者のC・テイラーは、次のように述べている。「われわれはコスモポリタンであると同時に愛国者であるという以外に選択の余地はない、……そのことは普遍的な連帯に開かれているような種類の愛国主義のために、そうでない、より閉鎖的な種類の愛国主義に対して戦う、ということを意味している」（M・ヌスバウム他『国を愛するということ』人文書院、二〇〇〇年）。これこそ愛国心に対する、われわれの観点でなければならない。

現行の道徳編指導書でも、「日本人の自覚をもって国を愛し、国家の発展につとめる」という内容項目と同時に、「国際的視野に立って、世界の平和と人類の幸福に貢献する」とあるが、これは「開かれた愛国心」を教育する根拠となる記述である。現場では、このような愛国心理解に基づき、総合学習（国際理解は文科省が示す四つの項目の一つである）などとリンクさせ、道徳教育を展開していくことが、偏狭なナショナリズムへの有効な対抗戦略となるであろう。愛国心をめぐるこのような現場での取り組みの効果的展開が、平和憲法と戦後の民主教育の伝統を護る運動ともつながるのである。

第6章　福祉国家から福祉社会へ

――聴濤弘『マルクス主義と福祉国家』に寄せて――

日本共産党の元参議院議員、聴濤弘《きくなみひろし》氏による『マルクス主義と福祉国家』（大月書店、二〇一二年）が話題を呼んでいる。また近年、「新福祉国家論」を提唱する渡辺治氏や二宮厚美氏らの議論が、革新勢力の中で一定の影響力を有していることは周知のとおりである。そこで本章では、聴濤氏の著書の革新運動における意義、さらに福祉国家論の問題点と、福祉のあるべき姿について論じることにする。

1　福祉国家の原点としてのマルクス主義

最初に『マルクス主義と福祉国家』が話題となる理由を考えてみよう。そもそも、近代国民国家の現代的形態である福祉国家は、資本主義の生き残りの究極的形態と見ることもできる。したがって、社会主義的立場からすれば、このような国家形態は、社会主義的変革の障害ということになる。このような理解は、社会主義を信じる人々の精神を永く支配してきた。その一例を、『新編社会科学辞典』（新日本出版社、一九八九年）に見出すことができる。そこでは「福祉国家」について、以下のような記述がある。「……資本主義を社会主義に変革することなしに、資本主義の矛盾と階級対立を取り除いて、国民の真の幸福が実現できるという議論で、現代における修正資本主義の一つ」。一方、修正資本主義の項目を調べてみると、「資本主義の生産関係を変革しないでも、根本的に取り除くことができるという誤った資本主義擁護理論。……国家独占資本主義を弁護して資本主義の維持・存続をはかる体制擁護のイデオロギー」と規定されている。[1]

この記述はソ連社会主義の崩壊以前のものであるが、現在でもオールド・マルキストの頭を支配している理解であろう。聴濤氏もかつて、そのように考えていたことを述懐されている。[2]もちろん、福祉国家には労働階級の闘いによって勝ち取られた、社会権の現実化（T・H・マーシャル）という積極的一面もあるが、この点はここでは問題としない。

『マルクス主義と福祉国家』の斬新さは、このような古い理解を批判し、福祉国家を修正資本主義としてではなくマルクスの思想に沿うものであること、そのことをエルフルト綱領やゴータ綱領に対するマルクス、エンゲルス、レーニンの評価を理由に根拠づけたところにある。

さらに聴濤氏は、福祉国家の原点はマルクス主義にあり、社会主義は「完全福祉国家」であると結論する。またその関連で、二〇世紀前半における、スウェーデン社会民主党やデンマーク社会民主党を評価し、当時の社会民主主義に対する、コミンテルンの極左的対応を批判する。[3]

わたしはかつてソ連社会主義の崩壊を総括した著書で、現実的に可能な社会体制としては、社会民主主義による福祉国家体制しか考えられない、と書いたことがある（もちろん現在では、これが不十分な考えであることは言うまでもないが）[4]。これはわたしだけでなく、当時意見を交わした多くの仲間の考えであったように思う。その意味では、本書がもう少し早く（ソ連崩壊直後にでも）上梓されていれば、社会主義の将来像をめぐって、より現実的な議論がなされたのではないかと思われる。

ところで福祉国家を革新運動の目標とすることは、社会主義崩壊後、未来社会の青写真を描かないという、共産党の方針と明らかに異なるが、この点も本書の話題性の要因となっている。その他にも、現在の共産党の方針を一歩進める、あるいは齟齬する叙述が多く見られるが、それが組織の中心にいた元国会議員によって述べられている点に、本書が問題意識を有する活動家の関心を強く引く理由となっていると考えられる。

この点をいくつか箇条的に上げてみよう。それらは①ゼロ成長論、②政治主義批判、社会運動評価、③グラムシ評価、④中国非社会主義論、⑤計画経済批判、⑥自由な議論の必要性、などなどである。加えて組織論、運動論の問題がある。これらの諸点が、革新運動が再生するために解明されるべき、重要なテーマであることは明らかであろう。

ところで青写真論にかかわって、聴濤氏は資本主義の全般的危機に対する反対概念として、「自己循環型資本主義」という言葉を使用されているが、これは社会主義の青写真を描かない（描けない）段階では、資本主義体制を前提とせざるを得ないという認識に基づいている。わたしは現状では、生産関係よりは分配論を重視すべきという問題意識から、貧困・格差論や正義論を展開してきた。[5] その理由は、生産関係の社会化については、その範囲やあり方など明らかにすべき点が多々残されていること、また、中長期的に資本主義体制を前提とした運動を考えざるを得ないこと、したがって、経済体制について言えば、第一セクター（官）、第二セクター（民間市場）、第三セクター（非営利協同）のベストミックスを追求する以外、選択肢はないと考えるからである。

加えて、市場は資源分配のシステムというだけでなく、民主主義や自由の基礎的条件としての意義を有しているということ、また市場のアクターである企業や消費者も進化していること、さらに企業や営利活動をアプリオリに悪と考えるべきではないこと、つけ加えて言えば、むしろ学校法人など公益性の高い経営組織の矛盾が大きいこと、したがって、固有の論理が支配する組織の問題を解明する組織論が重要であること、などを主張してきた。[6]

そのような観点からすれば、福祉国家については社会主義との関係を離れて論じることもできるのではないか、いやむしろ積極的にそうすべきではないかというのがわたしの考え方である。

ところで、市場セクターや第三セクターの役割を評価することは、国家中心の福祉体制の問い直しを意味している。つまり、両セクターの評価は、福祉国家が望ましいのか、福祉社会が望ましいのかを問うことでもある。上野千鶴子氏は福祉社会を支持し、福祉を多元化する上で「協セクター」（第三セクター）の役割を高く評価しているが[7]、いずれにしろ、国家による福祉の一元的管理には矛盾が多く、これをクリアするために新しい福祉体制が求められている。この問題を考える前提として、次に福祉国家の問題性を取り上げようと思う。

2 福祉国家の矛盾

福祉国家の矛盾は、かなり早い段階から指摘されてきた。福祉の理論家であり、政治家（社会民主党）でもあったスウェーデンのG・ミュルダールは、すでに二〇世紀中葉において、福祉国家の「国民主義的限界」を指摘していたが、その背景にあるのが、福祉の高コスト性である。近年では、聽濤氏も指摘するような、ケインズ型国家すなわち、国家による成長と完全雇用政策の限界の問題がこれに加わる。すなわち福祉財源の伸びに期待ができず、しかも国民負担に限界があるとすれば、コスト削減の圧力は高まらざるを得ない。そのため福祉国家は、福祉水準だけでなく、受給の資格を厳しく制限することを強いられる。福祉国家が移民など外国人に厳しいのはそのためである。

一方、社会権に冷淡なアメリカのような自由主義国家（アメリカは国連の社会権規約を締結していない）が、移民に対して寛容であることは周知のとおりである。移民を受け入れるが、それにコストをかけないというアメリカの政策は、それなりに筋が通っているわけである。

福祉国家には、その閉鎖性にかかわる暗い過去がある。ナチスは政権奪取後、特有の人種主義的優生思想から一九三三年に「障害者断種法」を制定したが、じつはスウェーデン社会民主党も、翌一九三四年に、福祉の受益者を減らす経済的目的から、同じ法律を制定しているのである（なおデンマークはさらに早く一九二九年に制定している）。しかもこの法律は、一九七五年まで有効であった。

このような福祉国家の非人間的性格をとらえて、生命倫理学者の市野川容孝氏は、次のように述べている。「福祉国家は、有限な財源の効果的配分をめざして、誰が子どもを生むに値するか、さらには誰が生きるに値するかという人間の選別に着手するのである」(8)。注意すべきは、福祉国家に限らず、一般に社会化された国家は、それまで私的事項であった生命の再生産過程にまで介入する傾向がある、という事実である。もちろん、日本も例外ではない。

福祉国家のコスト削減圧力は、内なる不寛容を生むことになる。近年の生活保護受給者に対する国民の厳しい目は、そのよい例である。少子高齢化による福祉財源の逼迫が、このような傾向をさらに強化するであろう。周知のように、生活保護を受けるためには、資力調査（ミーンズテスト）によって、資産や収入が調査され、場合によっては車を含む資産の処分が求められる。また外国旅行などは許されず、受給後の行動も制約されることになる。このように、生存権が自由権との引き換えで保障されるというのが、生活保護の実態なのである。

国家による福祉管理のもう一つの矛盾として、行政の不効率の問題がある。国の財政支出の三割を占める社会保障関連費の増大は、この問題の早期の解決を求めている。また多様な福祉ニーズに応えるには、国家は大きすぎて機動性に欠けている。たとえば、貧困の現実を一番よく知っているのは、国家ではなく、「反貧困ネットワーク」のような市民社会組織である。したがって、このような組織の協力なしでは、有効な貧困対策は可能とならない。また小規模多機能型介護施設が、富山の主婦グループの発案から始まり、それを行政が後追い的に認知したように、市民社会は多様な福祉ニーズに応え、事業を展開する豊かな潜在的能力を有している。行政の役割は、むしろ、このような市民社会の能力を確認し、時は制度化を含めサポートすることにあるのだろう。

3　社会運動と福祉

前節で述べた福祉国家の矛盾を考えるならば、福祉のあり方の見直しが必要であることは明らかである。そのことは国家による国民管理を緩和し、国民の自由を確保するだけでなく、受益者のニーズに沿った効率的な福祉供給のために求められているのである。その点でまず必要なのは、市民社会や各種社会運動の役割を再確認することであろう。

聽濤氏は著書の末尾で、「政治革命」とは次元を異にする、あるいはそれに先行する「社会革命」の意義に触れ、プルードンの協同組合論の意義やグラムシの市民社会論にかかわって、市民社会における社会活動の意義を説かれている。現に聽濤氏が指摘されるように、近年、日本でも地域コミュニティづくりやボランティア、NPO組織が発展してきている。福祉についても同様である。二〇〇〇年の介護保険制度の導入は、七兆円ともいわれる介護市場を生み出し、NPOに財政的基盤を与えることに貢献した。

介護事業の経営形態はさまざまであるが、NPOをはじめ地域の市民社会組織がになうのが、もっとも理にかなっていると言われている。その理由は、介護のような労働集約的事業に、大企業は向いていないからである。(9) 事実グッドウィル・グループがコムスンの事件をきっかけに、介護事業から撤退したことは記憶に新しい。

わたしは人権論を研究テーマとしている関係で、地域人権連（二〇〇四年に全解連から発展的に転換）との関係が深いが、この組織は現在、各地でＮＰＯを作り、福祉事業に積極的に進出している。福祉事業を経営することは、たんなる要求運動とはことなり、経営能力と責任を問われるだけでなく、みずからが運動体として、人権や民主主義を事業体の中で実践することを意味している。しかしこのような課題で成果をあげることができなければ、将来社会において人権や民主主義を実現することなどできないであろう。また逆にそれができれば、地域において人権と民主主義の「とりで」を築くことができる。

このように、市民社会組織が福祉をになうことの意味は大きい。この点でいくつか触れておくべき論点が存在する。まず経営母体の形態であるが、必ずしも、企業が母体になることに否定的である必要はない。小規模の企業では、経営体の文化や経営者の考え方が重要なのである。逆に非営利であれば、より公正で、住民の利益にかなった活動ができるわけではない。その点でも、市場や企業が悪であるというステロタイプな発想から脱却することが必要である。三つのセクターが課題の性格に応じて、それぞれの特性を活かすことが望ましい、と考えるべきであろう。

4 「新福祉国家論」への疑問

もうひとつの論点、新福祉国家論の問題点に触れておきたい。新福祉国家論については、財源の点での実現可能性、グローバル化による国民国家的枠組みの揺らぎ、加えて、新福祉国家が現在の最重要の政治テーマなのか、などの疑問点があるが、最大の問題は福祉を国家中心に考えており、市民社会との関連でとらえる視点が弱いことである。国家の問題が重要であることは明らかであるが、福祉の問題を語る場合には、市民社会との関係が決定的に重要である。[10]すでに述べたが、福祉を国家が一元的に管理することは、多様な福祉ニーズに応えられないだけでなく、人権との関係で深刻な矛盾をもたらすことになるからである。

新福祉国家論の抱えるこの問題点は、この理論が新自由主義的再編への対抗策として提案されていることに起因している。新自由主義的改革の本質は公的部門の民営化（切捨て）にあるという問題意識に立てば、公共部門を守り、拡大することが課題となるからである。したがって、新福祉国家論では「教育、医療、介護などの施設の建設を中心とする福祉型公共事業の拡充、福祉型の公務部門拡充による雇用の拡大[11]」など、大きな政府を前提とした公共部門の拡大が目標とならざるを得ない。しかし、施設を中心とした福祉の矛盾はすでに広く認識されているし、公共部門の拡大を政治的テーマの中心にすえることは、かつての自民党型開発政治への逆戻りを招きかねない。事実、安倍政権の下で、このような傾向が明確に復活してきている。

わたしは、この間の支配層による政治的、経済的構造改革を新自由主義的改革の観点だけでとらえることは、現実を見誤る危険があると考えている。二〇〇〇年前後における諸改革、たとえばＮＰＯ法制定（特定非営利活動促進法、一九九八年）や地方分権化の動き、裁判員制度を含む司法改革、それになによりも福祉の構造改革などは、これまでの日本の開発型政治や社会制度を見直し、市民参加を促進し、市民社会の成熟に貢献する一面もある。このような側面を見損なうと、革新運動の方向性をまちがうことになる。

福祉の基礎構造改革について付言すれば、かつての行政処分ともいうべき措置制度に代えて、契約制度を中心にしたことは、個人の選択権の保障、個人の福祉ニーズに応えるという点で、一定の前進と評価すべきであろう。この改革が、福祉の市場化に伴う変化であることは明らかであるが、すでに述べたように、福祉における民間（企業を含め）や第三セクターの役割を否定すべきではない。もちろんいかなる改革にも負の側面が伴うものであるが、大事なことは、歴史の傾向をとらえるマクロ的視点である。

つけ加えれば、聽濤氏の福祉国家論は、①福祉国家を新自由主義への対抗策というよりは、社会主義との関係でとらえている点、②市民社会や社会運動の役割を大きく評価する点で、国家中心の新福祉国家論とは区別されるべきであると、わたしは考えている。

5 自主的な社会運動と政治の新たな関係

聴濤氏はゼロ成長社会や「豊かさ」の問題など、他にも重要な課題を提起されているが、紙幅の関係があるので、最後に、ひとつだけ残された論点を取り上げようと思う。それは政治運動や社会運動のあり方についてである。著書の末尾で、氏は政治運動（政党）と社会運動の関係に言及されている。[12] 政治がすべてを総括する活動であること、したがって、両者が一定の関係を維持することは当然であるとしても、事業活動を含め、社会運動には将来社会の新しい秩序を形成する独自の意義がある。しかし現実には、政治活動（選挙活動）中心の、したがって、上意下達的運動論が支配的である。福島の原発事故以来、これまで見られなかったような、反原発の国民運動が盛り上がっているが、いま求められているのは、このような自主的な運動とリンクする運動論、組織論なのではないだろうか。

本書の第Ⅰ部で論じたように、このような新たな運動論、組織論を構築できないかぎり、革新の先細りは避けられない、というのがわたしの持論である。二〇一四年末の総選挙で共産党が復調したが、これは第三極政治勢力の自滅によるところが大きく、共産党の主体的力量を大きく超えた結果であった。

この点と関わって、社会学者の小熊英二氏の社会運動論を紹介しておこう。かれによれば、個人が自由になり、しかも多くの人が疎外感に支配されている現代社会では、従来の動員型運動論は有効でない。この種の運動の背後には、真理に近い活動家や党中央が、大衆を導くという権威主義的発想がある。しかし一方だけが真理を所有している、ということはあり得ない。運動の過程で、参加者の対話と参加を進めることが、運動を活性化する上で、また社会を変えるために必要である。傾聴すべき意見である[13]。

参加と対話の論理をあらゆる運動や組織の各レベルで追求していくこと、またそれに基づいて、新たな運動の方向性を模索すること、これがわれわれに課された、革新の再生のための最大のテーマであるだろう。

（1）この分析は長澤高明氏の論文「『新福祉国家論』の検討」（『現代と唯物論』四九号、文理閣、二〇一二年一二月）によっている。ぜひ一読を薦めたい。

（2）聽濤弘『マルクス主義と福祉国家』（大月書店、二〇一二年）四三頁。

（3）この部分については、前掲書、「第二章　マルクス主義と福祉国家」参照。

（4）碓井敏正『自由・平等・社会主義』（文理閣、一九九四年）「第一章　四つの社会システムの検証」参照。

（5）これらの研究の成果は、拙著『現代正義論』（青木書店、一九九八年）、『格差とイデオロギー』（大月書店、二〇〇八年）、『成熟社会における人権、道徳、民主主義』（文理閣、二〇一〇年）などにまとめたので、参考にしていただけると幸いである。

（6）この点については、拙著『革新の再生のために』（文理閣、二〇一二年）、特に、第一章―第三章で論じた。
（7）上野千鶴子「福祉多元社会における協セクターの役割」（『ニーズ中心の福祉社会へ』医学書院、二〇〇八年）。なお日本の社会保障制度に対する問題点を全般的にまた公平に論じたものとして、加茂直樹『社会保障の哲学』（世界思想社、二〇一二年）を薦めたい。
（8）市野川容孝「福祉国家の優生学」、『世界』一九九九年五月号。
（9）協セクターが福祉事業において、官セクターや民セクターよりも優位である点については、上野千鶴子氏の前掲論文に詳しい。
（10）新福祉国家論の市民社会セクター（非営利・協同組織）軽視に対する批判としては、北島健一「非営利・協同組織は『雇用と福祉』をめぐる問題とどう向き合うか」（『経済科学通信』二〇一二年一二月号）が参考になる。また『成長国家から成熟社会へ――福祉国家論を超えて』（花伝社、二〇一四年）では、第三章でこの点を強調しておいた。
（11）井上英夫・渡辺治・後藤道夫編『新たな福祉国家を展望する』（旬報社、二〇一一年）二一頁。
（12）聽濤前掲書、第五章、補論、参照。
（13）小熊英二『社会を変えるには』講談社現代新書、二〇一二年。

第Ⅱ部　成熟社会の課題と人間

第7章　成熟社会における表現の自由

――ヘイトスピーチの法規制を考える――

ヘイトスピーチの法規制が政治的テーマとなっている。法規制に際して問題となるのは、表現の自由との関係である。しかし表現の自由、報道の自由が重視されるのは、主として対国家との関係においてであり、市民社会の人間関係においては事情が異なる。そこにおいては、人格の相互尊重の原則がまず重視されねばならず、その意味で、表現の自由にはおのずと制限がある。

表現の自由の行使は、異なる宗教や文化の関係において深刻な軋轢を生んでいる。二〇一五年一月にフランスで、ムハンマド（モハメット）の風刺画を理由とした新聞社襲撃事件が起きたが、政教分離の原則の立場から、宗教を戯画化することが、他者の宗教的心情を傷つける場合には、表現の自由の自制が求められる。表現の自由はその意味で、多文化間の成熟した関係の試金石ともなっているのである。

1　ヘイトスピーチ規制と表現の自由

二〇〇六年に発足した在特会（在日特権を許さない市民の会）の街頭デモにおける低劣で口汚い民族差別的言辞と、京都朝鮮学校への襲撃事件（二〇〇九年一二月）などにより、ヘイトスピーチ、ヘイトクライムに対する社会的関心が高まっている。学校側の告訴を受け、京都地裁（二〇一三年）と大阪高裁（二〇一四年七月）で、在特会に対して厳しい判決が下されたが、二〇一四年一二月には在特会側の上告が棄却され、最高裁で判決が確定した。一方、二〇一四年七月には国連自由権規約委員会が、また八月には国連人種差別撤廃委員会が、日本政府に対し在特会などによる、ヘイトスピーチの法的規制を勧告した。このようにヘイトスピーチの法的規制が政治的課題になっていることは、周知のとおりである。

法的規制には異論もある。その最大の理由は言うまでもなく、「表現の自由」との関連である。そこでヘイトスピーチと表現の自由との関係について、ここでは政治哲学的な観点もふまえながら考えてみたいと思う。憲法で保障された各種の自由が無制限でないことは、権利の濫用禁止規定（憲法一二条）、名誉毀損罪（刑法二三〇条。朝鮮学校襲撃事件の罪状は侮辱罪［刑法二三一条］と威力業務妨害［同二三四条］であった）の存在からもわかるが、その根拠はどこにあるのだろうか。この問題を考える上で重要なのが、表現の自由の本来的意味である。

表現の自由を含め各種権利が、主として国家権力との関係において、護られるべきものであることは言うまでもない。それは国家が最大の権利侵害者だからである。表現の自由の一環である「報道の自由」についても、その矛先は主として権力者に向けられるものであり、権力批判がその本質にある。そのため権力者はみずからの権力維持のために、報道の自由をたえず制限しようとする。特定秘密保護法などにより、報道の自由が制限されれば、民主主義の根本が危うくなり、国民の生活に甚大な被害を与える危険がある。この点に表現の自由が厳格に保障されるべき理由がある。しかしヘイトスピーチで問題となる表現の自由はこれとは異なり、対国家ではなく、市民社会における個人間、集団間において問題となる自由であることに注意しなければならない。

ところで市民社会における個人や集団間の関係の基本は、「国家—国民関係」における「支配—服従」の関係ではなく、ヘーゲルが指摘したように、人格の相互承認に基づく相互尊重にあり、そのことが各人の自由を制約している。この原則を逸脱した表現は、たんに恣意から出るものでしかなく、規制の対象となるのは当然のことである。在特会に限らず、差別的言辞を弄する者は、一様にみずからの行為を、表現の自由の名で正当化しようとするが、他者の人格を傷つけ、恐怖心を与える自由は誰にも保障されていない。刑法における名誉毀損罪や侮辱罪の根拠はここにある。

自由を最大限擁護しようとしたJ・S・ミルも、古典的名著『自由論』において、いかなる人間も他人に関係することについては責任を負わねばならず、行為が他者に害悪を与える場合には、個人の自由が制限されると述べていた（いわゆる他者危害の原則）。なおミルに限らず近代の思想家は、他者への害悪を身体に関わるものとして考えていたが、現代では表現による人格攻撃が含まれることをつけ加えておく必要がある。

加えて決定的に重要なのは、ヘイトスピーチが市民社会における対等な人間（集団）間においてではなく、国籍や選挙権を持たず、したがって政治的代弁者を持たない民族的マイノリティに対して行われている、という事実である。この点でこの問題が、女性差別や障害がい者差別、部落差別など、国民―国民間における差別問題とは基本的性格が異なることを確認しておかねばならない。差別的な言辞は、相互の批判や交流を通して是正されるべきである、という考え方（思想の自由市場論――現行法で対応可能という政府の見解は、これと同類である）は、同質の市民間関係を前提としており、マイノリティである民族に対する差別的言辞には当てはまらない。

したがって、社会的に弱い立場に置かれた民族的マイノリティに対しては、国際的観点すなわち普遍的人権論の立場からの人権保障が必要になる。以上の点からすれば、日本政府が人種差別撤廃条約を批准しながら、ヘイトスピーチ規制（第四条）を、表現の自由擁護の立場から留保しているのは、筋違いという以外ない。

ところでこの問題を考える前提として、人権概念の国民国家的制約をあらかじめ理解しておく必要がある。もともと人権には、日本国憲法の第三章に「国民の権利および義務」とあるように、国民国家的制約がつきまとっている。ユダヤ人女性思想家のH・アーレントが、かつてユダヤ人の境遇を嘆いたように、人権は「国民」以外の者にとっては、絵に描いた餅に他ならない。[1]その意味では、政治的共同体のメンバーシップを持たない人々（民族的マイノリティ）の権利に対する配慮は、憲法の制約を越えねばならず、その点に国連人権委員会の勧告の重みがある。

2　民族差別の政治的利用とネット空間

さらに問題なのは、民族問題は政治問題と密着しているということ、そして政治家がこのような民族差別的国民感情を、みずからの政治目的のためにつねに利用しようとする事実である。その結果、ナチスのユダヤ人政策の例を引くまでもなく、きわめて悲劇的な事態を招くことになる。日本でも関東大震災時に（一九二三年）、デマにより多くの朝鮮人が虐殺されたことは、よく知られている。人種差別的扇動が多くの国で厳しい処罰の対象となっているのは、このような歴史的教訓からである。

日本では安倍首相をはじめ右翼的政治家が、表向きはヘイトスピーチを批判しながらも、一二〇万とも言われるネット右翼勢力を利用してきた事実は、その意味で看過できない。

安倍政権は歴史修正主義的立場から、アジア侵略の事実や慰安婦問題など歴史の真実を覆い隠そうと企図してきた。また石原慎太郎など、極右政治家の公的な場での軽薄な（というのは思想的対立の次元を超えているので）三国人発言、また近年における朝鮮学校への教科書の無償配布の停止などの政策が、歴史的な差別意識と共鳴しながら日本の社会に在特会的文化を許容し、はびこらせてきたことはまちがいない。その点で、現政権や一部政治家の責任は重大である。

ところで自由・権利の主体は、自律的で合理的存在であることが前提とされている。表現の自由の主体は、理性的にその行使の限界を判断できることが想定されているのである。ところが二〇世紀に始まった近代市民社会の大衆社会化は、近代市民に固有の自律的、合理的精神を失わせ、権力や大勢に付和雷同する無責任な大衆を生み出した。このような時代の文脈においては、民族問題は大衆扇動の格好の材料となる。ナチスを生み出したワイマール期のドイツが、この点でよく引き合いに出されることは周知の通りである。しかも現代は情報化時代であり、そのことが事態をさらに悪化させている。ウェブサイトのＳＮＳは人々のコミュニケーションの幅を拡大したが、そのことは同時に、匿名の無責任な言説が飛び交う空間が拡大したことを意味している。

ネットの問題について付言するならば、タテマエで成り立つ一般のメディアに対して、ホンネで議論ができるインターネットの空間は、情報の共有や集合知の形成を通して民主主義を深化させる積極面を有している。しかし反面で、根拠のないデマの流通により、誤った「確信」を一部の人間に抱かせる、危険な場であることも事実である。国連人権委員会がヘイトスピーチに関わる、インターネットの規制を視野に入れているのは、そのような事情からである。ネットの世界も公的な性格を有するかぎり、市民社会における人間関係を律するルールが適用されるべきことは、当然のことであろう。みずからの発言に対して、責任を負わなくてよい空間などどこにも存在しないのである。

以上の点からすれば、ヘイトスピーチに対する法的規制の意義は、ヘイトスピーチの取締りの根拠を与えることによって、国民社会において弱い立場にある、民族的マイノリティの人格と権利を護り、この種の勢力と右翼的政治家との関係を違法化し、さらに国際社会に対する責任を果たすことにより、近隣諸国との関係回復の条件をつくることにある、ということができるであろう。特に当事者に自分たちが確信犯的に行っている行為が、反社会的なものであることを自覚させる意義が大きい。

付言するならば、ヘイトスピーチを野放しにしておくことは、日々傷つくマイノリティを放置することを意味し、マジョリティがそれに無意識に加担することを意味している。権利は普遍的ではあるが、なによりも弱者がみずからを守る「切り札」であることを考えるならば、へ

イトスピーチの法規制は、急務と言わねばならない。(2)

もちろん市民間関係を律するこのような法規制が、国家によって表現の自由を抑圧するために利用される危険も否定できない（その点では、規制すべきヘイトスピーチの定義や現場の警察官の権限などについて厳格な規定が必要である）。ヘイトスピーチ規制に関する自民党内の議論で、高市早苗・政調会長が首相官邸周辺でのデモ規制に言及したが、これなどはそのよい例であろう。しかし彼女がこの意見をすぐに撤回したように、日本の市民社会は低次元の政治家の目論見を見抜く程度に成熟している。この点はこの間の自民党の復古的、権利否定的改憲草案や、九六条先行改憲、特定秘密保護法に対する国民の反発に示されている。その点で改めて、ヘイトスピーチの法規制は政治的思想信条の問題ではなく、市民社会の最低限の規範の問題である、という点を再確認しておく必要がある。

3 ネット右翼化する若者の実像

しかしすでに述べた法的規制だけで、問題がすべて解決するわけではない。この問題の本質的解決のためには、在特会やネット右翼と呼ばれる人々の社会的基盤を明らかにすること、そしてその基盤を解消する政策を考えなければならない。というのは本当の批判は、そのイデオロギーを生み出す客観的基盤を解消することによって、はじめて完結するからである。その点でまず指摘しておくべきは、ネット右翼という呼称が示すように、彼らの基盤は確固としたものではなく、ネットで結びついたゆるい関係（ネットでの会員登録）にすぎないという事実である。したがって在特会には、体系化された確たるイデオロギーなどない。彼らを支配するのは、イデオロギーというよりも、漠然とした右翼的心情とでも呼ぶべき感情である。この点に既存の右翼が、「彼らには思想がない」として軽蔑する理由がある。逆に思想という敷居がないことが、多くの若者を惹きつけている点に問題のむずかしさがある。

それでは、その右翼的心情を生み出す要因はどこにあるのであろうか。この点についてはいろいろな分析があるが、地道な取材で最も信頼できるのが、安田浩一『ネットと愛国』（講談社、二〇一二年）である。安田はリーダーの桜井誠はじめ、運動の中心にいる、あるいはかつて関わった多くの人物と直接面談し、彼らの置かれた環境や考え方をつぶさに調べている。その第一の印象は、彼らは街頭でのヘイトスピーチからは想像できない、拍子抜けするほど普通の若者が多いという事実である。しかし仕事や家族、人間関係に恵まれないため社会的に孤立しており、社会に対する不満や被害者意識を強く持っている点で共通しているという。彼らがヘイトスピーチを繰り返すのは、そのような感情を「特権」を得ていると勝手に思い込んだ、在日コリアンなどにぶつけることにより、被害者感情を晴らし、みずからの存在をアピールするためであるという。

安田は民族派右翼の一水会代表、木村三浩の発言を引いているが、これは本質を衝いたものであろう。「彼らが登場してきた背景としては、不安定労働が激増し、世の中もギスギスして、やるせない不安やストレスを抱えた若者が多く生み出されたことだ。彼らはそのはけ口を求めて弱い者を攻撃しているのだろうか」[3]。彼らが現実の社会関係に恵まれていないということは、彼らの多くが昼間にパソコンを操作していることから、失業者やニートが多いという、専門家の分析によっても裏付けられる[4]。

問題は彼らの攻撃の矛先が、みずからを苦境に追い込んだこれまでの政権や体制にではなく、民族的マイノリティや公務員、一般労働者など、身近な存在に向かう点である。ここに社会意識やイデオロギーと、人々の社会的存在とのネジレがある。このようなネジレの構造は、格差問題における非正規労働者の意識においても、同様に確認することができた。その関係で興味深いのは、ネット右翼の多くはバブル崩壊以降、正規職を得られなかったロスト・ジェネレーション（三〇代後半から四〇代）が占めているという分析である。

フリーターの赤木智彦はかつて、『若者を見殺しにする国――わたしを戦争に向かわせるものは何か』（双風社、二〇〇七年）で、みずからの不遇の原因は自分たちを犠牲にしながら、生活が保障された正規労働者にあるとし、戦争が起こることにより安定労働者がいなくならなければ、自分たち貧困労働者の窮状は変わらないと述べていた。

このような切羽つまった思いが、彼らに右翼的心情を抱かせるのである。なぜなら彼らは自分たちの窮状は、戦後の平和と民主主義の憲法体制の結果であると考えており、一方、右翼勢力はそのような戦後秩序を覆そうとしているからである。このことからわかるのは、若者の「右傾化」の背景には、右翼思想への同調というよりも、孤独な若者の現状への不満があるということである。自己肯定感の欠如した彼らは、国内の民族的マイノリティや韓国、中国を攻撃することによって、「日本人としての誇り」を取り戻し、心の空白を埋めようとする。

ところでなぜ「個人の誇り」ではなく、「日本人としての誇り」なのであろうか。それは生活の基盤が安定した中間層以上とは異なり、何も持たない彼らにとっては、民族や国家は最後の拠り所だからである。国家を求める感情を、かつて右翼団体で活動していた作家の雨宮処凛は、次のように述べていた。「そのころ私はどこかに帰属したくてたまらなかった。学校も出てしまっているのに会社にも入れず、ただひとり社会の中を漂っていたからだ」、「国はわたしを裏切らない……わたしが唯一帰属できたのが、国だった(5)」。

したがって、この問題の解決のためには、彼らの心情を真剣に受け止め、彼らの置かれた環境を改善することがなによりも重要になる。そのためには誰もが将来に希望を持てる社会、具体的には安定した雇用が保障され、結婚ができる社会を再構築していくことが必要であろう。彼らの存在は、そのことが戦後の憲法体制を守る方策でもあることを、われわれに教えているのである。

4　ドイツから学ぶこと

前節で述べたように、ネット右翼の行動の要因が社会からの疎外にあり、それゆえ彼らに安定した生活の基盤を提供する政策が重要であるとしても、問題はそれだけでは片付かない。というのは、排外的ナショナリズムが彼らだけでなく、嫌韓本や嫌中本が売れる、一般社会に広く存在するからである。その背景には、アジアにおける日本の地位の相対的低下と、安倍政権による歴史逆行的な中国包囲政策といった政治的背景がある。その意味では、この問題を考える上でも、東アジア諸国との新たな関係の構築がこれからの重要な課題となる。

この点で参考になるのが、第二次大戦後、敗戦国として日本と似た状況に置かれてきたドイツの経験である。一九九〇年におけるドイツ統一後の大国主義的雰囲気の中で、ドイツは「普通の国」になったのだから、基本法（憲法）を改正して、NATO域外でも参戦可能にすべきといった論調が生まれた。同時に、若者の高い失業率、東欧社会主義の崩壊による難民の流入などを背景として、排外的なナショナリズムが台頭し、ネオナチによる外国人に対する襲撃事件が頻発した。歴史修正主義論争がドイツで起きたのは、そのような状況においてであった(6)。

その後、ネオナチの動きは下火になるが、その最大の要因はEU統合の加速である。ドイツはコール保守政権の下で、経済合理主義の立場から統合に積極的な役割を果たしてきたが、経済統合から新たな政治的共同体の形成の動きこそ、排外的ナショナリズムを克服する歴史の進歩に沿った道（ヨーロッパ主義の限界を抱えているが）でもある。

政治的環境はヨーロッパとは異なるが、東アジア地域においても、経済的相互依存関係が強まっている。経済関係だけでなく、文化的交流や環境問題への取り組みなど市民社会レベルでの交流を深めること、そのような活動を通して、東アジアにトランス・ナショナルな空間を形成していくことが、この地域での領土問題の平和的解決をはじめ、ナショナリズムのぶつかり合いを緩和し、新たなリージョナルな秩序（やがては政治的共同体形成に向かう）をもたらす重要な条件なのである。もちろん本章では論じないが、中国や韓国のナショナリズムに問題があることは言うまでもない。しかし最も大事なのは、政治家や権力者に、ナショナリズムを利用させないための市民社会の努力である。ヘイトスピーチの法的規制は、そのような多面的な取り組みと歩調を合わせることによって、実効的なものになるのであろう。

（1）人権の国民国家的制約については、碓井敏正『グローバリゼーションの権利論』（明石書店、二〇〇七年）、特に第一部で論じた。
（2）師岡康子『ヘイト・スピーチとは何か』（岩波新書、二〇一三年）は被害者の立場に立って、法規制の必要を説いている点で必読の書である。
（3）安田浩一『ネットと愛国』（講談社、二〇一二年）六五頁。本書は日本ジャーナリスト会議賞（二〇一二年）を受賞している。なお樋口直人は、『日本型排外主義』（名古屋大学出版会、二〇一四年）において、在特会のメンバーには中間層が多いと分析しているが、問題とすべきは運動を主導する幹部ではなく、運動を支持するネット右翼と呼ばれる、若者たちの生活状況である。

（4）この点では山本一郎「弱者のツール」（安田浩一ほか『ネット右翼の矛盾』宝島社新書、二〇一三年、所収）参照。

（5）碓井敏正『格差とイデオロギー』（大月書店、二〇〇八年）五五頁。

（6）統一ドイツ後の政治情勢については、三島憲一『現代ドイツ』（岩波新書、二〇〇六年）に詳しい。またネオナチについては、望田幸男「現代ドイツの排外主義の条件――日本と対比しつつ」（『人権と部落問題』二〇一四年一一月号）が参考になる。

第8章　生命倫理と自己決定

近年における医療技術の急速な発展は、臓器移植や生殖技術などの進歩をもたらしたが、同時に死のダブル・スタンダード（従来の死亡判定と臓器移植の際の「脳死」判定のちがい）や、代理母における親子関係の問題など、これまでになかった倫理的、法的問題を生み出した。これらの問題は、われわれひとりひとりに、生命（死）に対する考え方の深化や当事者の正確な意思決定、またそのための環境の整備を求めている。

第10章で論じる環境倫理と同じように、生命倫理は近代的市民の限界と新たな成熟した人間像を求めている。その意味で、生命倫理はたんに医療の世界の問題にはとどまらない含意を有しているのである。

1　生命倫理の前史

生命倫理は環境倫理と並ぶ応用倫理学の代表的分野であるが、そのルーツは古く、古代の医師「ヒポクラテスの誓い」にまで遡ることができる。ヒポクラテスは医師の職業倫理を「誓い」の形で表明した。しかし、医の倫理が現代的な文脈で問題となるのは、第二次世界大戦後においてである。戦後、医の倫理が問題となる背景には、ナチスドイツや日本軍国主義が、ユダヤ人や中国人捕虜を人体実験の道具にしたという事実がある。戦後、このような非道な行為を繰り返させないために、医療従事者の倫理規範を定めたのが、ニュールンベルク綱領（一九四七年）である。その冒頭には「医学的研究においては、その被験者の自発的同意が本質的に絶対に必要である」と書かれている。

医の倫理はその後、「ヘルシンキ宣言」（一九七五年）や「リスボン宣言」（患者の権利宣言、一九八一年）へと進化し、現代へと引き継がれていくことになる。その中心に据えられているのは、患者の自己決定権の原理である。自己決定の意義は、自己の意に反して、患者の身体が研究の道具にされることを防ぐところにある。

しかし、戦時において医療関係者に問われる医の倫理と、本章で問題とする生命倫理とでは、その背景が基本的に異なっている。というのは、人体実験は戦争目的によって大きく規定されており、したがってその最大の責任は、戦争を遂行する国家にあると考えられるからである。七三一部隊による中国での細菌戦研究も、軍事作戦遂行の手段として行われたのであった。もちろん戦争のような非常事態に悪乗りして、非人道的な形で研究目的を遂行する医療関係者の行為が許されないことは、言うまでもない。しかし戦争時におけるこの種の行為は、むしろ生命倫理としてよりは、国家をはじめとする組織論や組織倫理（第I部で論じた）との関係で論じられるべきであろう。

したがって、ここで問題とする生命倫理は、戦争のような異常な状態ではなく、平和な状態における医療関係者に問われるものであり、その責任は基本的に個人に帰せられるものである。また本章で取り上げるテーマは、人体実験のような明らかに人道に反するものではなく、安楽死や臓器移植、代理母など現代医療に内在する諸問題であり、また人々の価値観によって意見がわかれる問題である。

2 「ヒポクラテスの誓い」に欠ける自己決定の視点

「ヒポクラテスの誓い」は、今でも医学生が必ず学ぶ医師の職業倫理の基本であり、この中には医師の守秘義務や患者に対する公正な態度など、現代でも守られるべき倫理原則が含まれている。しかし一方で、現代的視点からは、見直されるべき内容が含まれていることも認めなければならない。それはこの倫理が医師の一方的な誓いとして述べられている、という点とかかわっている。すなわちそこでは、患者の意思が問題となっていないのである。

医師が患者のために誠意をもって尽くすという誓いは、一見うるわしく思われるが、そこには以下のような、問われるべき前提が隠されている。それは、医師は患者の健康を願う善良な存在であり、患者はそのような医師の医療行為を素直に受け入れる従順な存在である、すなわち、医師と患者との間には、利害や考え方の対立はないという前提である。

さらにもう一つの前提がこれに加わる。それは医師と患者との間には、知識と技術の点で圧倒的な格差がある、という事実である。このような両者の関係においては、パターナリズム（家父長的温情主義）が成立しやすい。パターナリズムとは、当事者の最善の利益は当事者よりも優れた他者が知っており、したがって、優れた他者の指導に従うことが、当事者の利益になるという考え方である。パターナリズム（Paternalism）はその語源が示すように、もともとは、父親と子どもとの関係において成立する概念であるが、医師と患者、それに教師と生徒など、知識や能力の点で対等ではない関係において、広く認められる人間関係のあり方である。

しかしパターナリズムは、近代平等原理と個人主義の成立と共に姿を消していくことになる。近代個人主義は、社会の基本に個人を置き、個人の福利を優先する思想であるが、その前提には「当事者の利益を一番よく知っているのは当事者である」という考え方がある。

つけ加えて言えば、民主主義という政治制度も、このような当事者能力の信頼の上に成り立っている、すなわち「民衆の利益は、民衆自身が一番よく知っているから、国王や貴族ではなく、民衆自身が統治するのが最適である」というのが民主主義だからである。

もっともこの前提が成立するためには、問題となる事柄について適切な判断を可能とさせる、そこそこの知識と経験を、当事者が有しているということが条件となる。たとえば、われわれが車を購入するとき、車の性能や価格を調べ、その上で、気に入った車種をディーラーから購入するであろう。このような売買行為が可能になるのは、われわれが車について、それなりの知識があるからなのである。

これに対して医療行為の場合には、身体の異常を感じるのは患者であっても、その原因と治療方法について、当事者はほとんど無知である。したがってその診断と治療は、専門家である医師にまかせる以外ない。特に救急時にはその性格が強い。しかも医療行為は高度の専門的知識と技術に基づいており、専門家としての医師の威信が高いことは周知のとおりである。そのため医師と患者との関係では、両者は対等な市民でありながら、患者が医師に依存する傾向が強い。その結果、患者の自己決定の範囲は限られ、パターナリズムが入り込みやすいという特徴がある。専門主義をベースとする、この種のパターナリズムが一番やっかいなのである。

しかし近年、一般的な権利意識の向上、また医療や健康に対する関心の高まりによって、患者の自己決定を尊重する動きが顕著となってきた。治療の方針決定にあたって、患者に十分な情報を与えた上で、同意を得るインフォームド・コンセントは、患者の自己決定権尊重の具体的現われと見ることができる。

3 自己決定権の重み――「エホバの証人」輸血拒否事件

医療行為における自己決定の意義を鮮明な形で示したのが、一九九二年に東大病院で起きたエホバの証人による輸血拒否事件である。エホバの証人の信者であった年配の女性患者は、手術に際して輸血を行わないように、事前に書面で依頼していたが、生命の危険を感じた医師側は、患者の意に反して輸血を行った。手術後にそのことを知った患者は、東大病院と医師を告訴し、一二〇〇万円の賠償を請求した。

一審では患者側が敗訴したが、東京高裁では患者側の言い分を認め、五五万円の賠償を病院側に命じ（一九九八年）、最高裁もこれを追認した（二〇〇〇年）。この判決は従来型の医の倫理、すなわち「患者の命を救うために医師は最善の努力をすべし」というヒポクラテス以来の倫理に対して、患者の信念に基づく自己決定が優先することを、裁判所が正義として認めた点で画期的なものであった。なお先述の「リスボン宣言」にも、「患者はその文化観及び価値観を尊重されるように、その尊厳とプライバシーを守る権利は、医療と医学教育の場において常に尊重される」と書かれている。つけ加えて言えば、この事件のこともあり、輸血に際して事前の説明と患者の同意を得ることが一般的となった。

もちろんあらゆる場合に、患者の自己決定が優先されるわけではない。自殺を願望する人間の自己決定を認める人はいないであろうし、また自分の臓器だからと言って、それを金銭で売る行為が許されるはずはない。エホバの証人の自己決定が認められるのは、信仰が人間のアイデンティティ、すなわち人間の尊厳にかかわっているからであり、人間の尊厳を否定するような自己決定が、許されないことは言うまでもない。

4　自己決定と安楽死、尊厳死

自己決定の是非が問われるテーマとして安楽死問題がある。安楽死において問われるのは、「避けられない死」を前にして、苦痛を避けるために死を選ぶ患者の自己決定権が認められるか否かである。この問題は患者の生死に直接かかわるので、慎重な上にも慎重な対応が求められる。「苦痛を避けて、安楽に死ねるから問題はないのではないか」といった安易な判断は決して許されない。というのは、安楽死を認めるにしても、①患者の死は絶対に避けられないものであるのか、②患者は本当に死を願っているのか、③他に手段はないのか、といった重大でむずかしい問題がクリアされねばならないからである。しかし、患者の自己決定権の尊重とともに、近年、安楽死や尊厳死の承認を求める世論が高まっているのも事実である。

オランダでは、安楽死を選ぶ割合が死者の五％にも達しているという。しかし同時に、オランダでは安楽死の認定には厳しい条件が課せられている。一方日本では、これまで安楽死にかかわる訴訟事件（一九九一年東海大学病院、一九九六年京都府京北町病院）がいくつかあるが、それらに共通しているのは、医師が比較的安易に判断し、安楽死に手を貸しているという点である。そのため、東海大学病院の事件では、横浜地方裁判所が一九九五年に以下のような、安楽死の条件を示したという経緯がある。現在でもこれが、安楽死の条件として一般に受け入れられている。

①患者に耐えがたい激しい肉体的苦痛が存在すること。
②患者の死が避けられず、患者の死が迫っていること。
③患者の肉体的苦痛を除去・緩和するために方法を尽くし、他に代替手段がないこと。
④生命の短縮を承諾する患者の明示の意思表示があること。

このような基準があるにもかかわらず、二〇〇五年に富山県の射水市民病院で、世間を騒がす安楽死事件が発覚した。この病院の外科部長は、二〇〇〇年から二〇〇五年にかけて七人の患者の人工呼吸器を、独断で外したと言われている。この事件の詳しいレポートを読むと、いかに医師の独断によって、恣意的に呼吸器外しが行なわれたかがわかる。その恣意的理由の中には、各診療科の売り上げやベッドの空き具合など、あってはならない理由が含まれていた可能性もあるという。尊厳死をめぐるこのようなずさんな実態を許さないためには、むしろオランダのように法的に安楽死を認め、その上で厳格な条件を課す方が好ましいという考え方も成り立つであろう。

つけ加えて言えば、安楽死には日本語にかかわる問題がある。というのは、安楽死という日本語には、この問題の本質をぼかす含意があるからである。英語では安楽死は'mercy killing'すなわち「慈悲殺人」と呼ばれているように、その内実は医師による「殺人」に他ならないのである。「殺人」である以上、厳格な基準をクリアすべきことは言うまでもない。

5　臓器移植が抱える矛盾

日本における臓器移植には不幸な過去がある。一九六八年、功名心に駆られた一人の医師が無理な心臓移植を行った。その際、ドナーの青年(「溺死」)の治療を怠ったという疑惑が持たれ、後に殺人罪で告発されることになった（札幌医大・和田心臓移植事件）。なおレシピエントの方も、手術後わずか八三日で死亡した。結果的には、この医師が殺人罪で起訴されることはなかったが、このような事件があったため、日本では、心臓移植が遅れたという経緯がある。この事件は移植の進展にとっても、厳格な基準が必要であることを物語っている。

さて臓器移植については、医療技術上の問題は別として、以下のようなさまざまな倫理的問題が存在する。それらは、①臓器売買、②脳死判定など臓器移植の条件、③臓器提供者（脳死者）の自己決定権の担保、④これとかかわって、臓器移植法など法的制度のあり方、などである。

まず①の問題について言えば、臓器売買は、臓器移植法（一九九七年）によって禁止されており、日本で問題となることはほとんどないが、日本人が途上国に出向き、高額で腎臓を買うケースが報告されている。このような事例では国内におけるブローカーの介在が必要であり、その意味では、日本でも臓器移植の闇のマーケットが成立していると考えることもできる。

臓器移植法によって臓器移植の法的条件が整備されたが、移植を待つ患者が多く、臓器不足の実態はあまり変わっていない。そのような中で、二〇〇九年に臓器移植法が改正され、脳死患者による移植拒否の意思が明確でないかぎり、遺族の同意があれば臓器の摘出が可能となった。このように臓器摘出のハードルが低くなったため、臓器の提供が格段に増えたという実態がある。

現在、国は自動車免許証や健康保険証の交付の際に、臓器提供の意思を明示させる方法を採用しているが、当人の拒否の意思が明確でないかぎり、臓器提供が安易になされる危険性がある。国が臓器提供にこのような形で介入することには、大きな疑問がつきまとう。というのは、原則的にいえば、臓器の提供は権利や義務の問題ではなく、善意の問題だからであり、ドナーとレシピエントとの間には、「権利―義務」関係はまったくなく、善意以外のつながりはないからである。それゆえ、国が臓器提供の促進に手を貸し、臓器提供があたかも国民の義務であるかのようにふるまうことは、権利概念を根底からくつがえすことになりかねない。

改正臓器移植法で問題となるもう一つの論点に、子どもからの臓器摘出がある。改正後、一五歳以下の子どもからも臓器の摘出が可能となったが、成熟した判断がむずかしい子どもを親の判断で臓器提供の対象とすることは、自己決定の尊重という点からすると、大きな問題がある。また、一五歳未満の者の遺言能力が認められていないことを考えるならば（民法九六一条）、法体系上の齟齬もある。なお改正後二〇一五年現在で、一五歳未満のドナーからの移植例が七例あるが、二〇一四年一一月には脳死判定がむずかしいとされる六歳の女児から、臓器の摘出が行われた。

加えて、あまり知られていない問題として、臓器の耐用年数がある。臓器の耐用年数は、およそ二〇年ほどであるので、子どもの場合には、一生の間に、三回程度の移植手術が必要になるが、このような問題が知られていないのが現状なのである。

また脳死を本当に人の死と定義してよいのか、という本質的な問題が残っている。日本人の死生観からすれば、心臓が鼓動し、肌のぬくもりがある存在を死体ととらえることには抵抗がある。脳死には、臓器提供を法的に可能とするために、便宜的に死を定義しているという側面がある。これは状況によって、基準を変えるダブル・スタンダードに他ならない。人間存在にとってもっとも本質的な生死の定義を、臓器移植のために便宜的に変えることには、大きな問題がある。

なお脳死状態と植物状態との区別について説明すれば、前者は生命維持装置なしでは呼吸もできない状態を指し、後者は「回復不能な」無意識状態ではあるが、自発呼吸ができる状態を指している。

脳死者には自己決定が不可能であるが、意識がなくても、身体の所有者が当人であることに変わりはなく、当人の拒否の意思表示がないからと言って、親族の意思だけで勝手に臓器を処分することには問題がある。というのは、脳死者は自己決定が原理的に不可能であるという点で、最大の社会的弱者であるが、このような場合には、当事者の利益を極力尊重すべきであり、わずかでも回復と生存期間延長の可能性が残っているかぎり、脳死者を「殺す」ことは避けるべきだからである。

表1　代理母のいろいろなケース

	父	母		備考
	精子	卵子	子宮	
A	自精子	自卵子	他子宮	ホストマザー（借り腹）
B	自精子	他卵子	他子宮	サロゲイトマザー
C	自精子	他卵子	自子宮	遺伝学上の「代理母」
D	自精子	自卵子	自子宮	通常の出産
E	他精子	自卵子	自子宮	従来から行われてきた方法

6　代理母――本当の母は誰か

親子関係にかかわる自己決定の問題としては、中絶問題が存在するが、ここでは取り上げない。ただキリスト教では中絶は認められておらず、欧米のキリスト教国では、中絶を否定する保守派と、母親の自己決定を重視するリベラル派との間に、厳しい対立が伝統的に存在する。同性婚問題と並び中絶問題が、アメリカでリベラルと保守との重要な政治的対立のテーマとなっていることは、よく知られている。

本章で主として論じるのは、体外受精など生殖技術の進歩によって可能となった代理母の問題である。代理母の問題には自己決定だけでなく、さまざまな論点が含まれている。またそのパターンもいろいろであり、一律に議論することがむずかしいのも事実である。そこで問題を整理するために、以下に代理母のいくつかのケースを示しておく。

念のためにつけ加えるならば、出産の普通のパターンは、表1のDのケースである。なお父親に生殖能力がない場合に、他の男性の精子を借りるEのケースは、すでに古くから行われている。

代理母という名称からもわかるように、その特徴は他者の子宮を借りて「自分の子ども」をつくるところにある。Cのケースは、他人の子宮を借りていないので、その意味では、代理母と呼ぶことはできないかもしれないが、卵子を借りているという意味では、遺伝子的に代理母のカテゴリーに入れることができる。

なおAは借り腹（ホストマザー）と呼ばれ、体外受精した夫婦の受精卵を他者の子宮に移して出産するケースであり、タレントの向井亜紀さんの場合がこれに当たる。Bは卵子も他者のものを借りるケースで（サロゲイトマザー）、厳密な意味で代理母と呼ばれるのはこのケースである。

代理母には以下のような問題点が含まれている。それらは、①親子の根本的あり方（親子の定義）にかかわる問題、②母体の安全と子宮の道具化、③生まれた子どもの人権、④法制度の問題　⑤金銭が介在するという問題、などである。

まず①の問題であるが、母親については、「子どもを産んだ女性を母親とする」というローマ法以来の定義がある。この定義は近代法でも生きているが、この立場に立てば、AとBのケースは、代理母は代理ではなく実の母ということになる。この定義はたんに事実の問題としてだけでなく、母親の人間的本性に基づいており、無視できないところがある。というのは、みずからのお腹を痛めて生んだ子どもに対して特別な愛情を抱くのは、人間性の常だからである。そのためアメリカでは子どもを産んでから、代理母が引き渡しを拒否し、裁判になった例がある。この点だけからも、代理母に本質的な矛盾があることがわかる。

次に②の問題であるが、代理母の出産に危険が伴うことは言うまでもない。生命の危険を冒す可能性がある、代理母契約が許されるかは大きな疑問である。それに代理母の根本に、女性を生殖の道具とする考え方があることは否定できない。

その点では、Cのケースの場合には、生むのは育ての母でもあり、法律的、また人間的に問題がないように思われる。しかし生まれた子どもは母親のDNAを受け継いでおらず（この点はEのケースも同様である）、③の問題、すなわち生まれた子どもが将来、出生の秘密を知った時にどう感じるかという問題が残る。この点は子どもを欲しがる親にとって気がつきにくい点であるが、子どもは基本的に別人格であることを知らねばならない。この点を無視することは、子どもの人権を否定することになりかねない。

ついで④の問題であるが、日本では代理母が生んだ子どもを実子として受け入れる法体制が整備されておらず、生まれた子どもの戸籍の問題が残っている。これも子どもの人権にかかわる問題と言ってよいであろう。なお高田（向井）夫妻の場合、東京高裁は生まれた子を嫡出子として認めたが、最高裁は認めなかった。裁判所でも判断がわかれたのである。そのため夫妻は、特別養子縁組の制度を利用することになった。

最後に問われるべきなのが、⑤金銭の介在の問題である。向井亜紀さんの場合には、アメリカの既婚女性に一万八〇〇〇ドルの謝礼を払ったが、実際には医療機関への支払い、渡航費などその数倍の大金（一二〇〇万～一三〇〇万円）がかかったと言われている。そのためこのような形で子どもを得ることは、一部の富裕層にのみ限られた特権ということになる。子どもを持つ権利は平等であるべきことを考えるならば、代理母をとりまくこのような現実をそのまま受け入れることはむずかしい。なおインドでは、国外からの代理出産の要望を外貨獲得の国策として受け入れているという現実がある。

ところで国内では、この問題に対する法整備がなされていないということもあり、諏訪マタニティクリニックの根津八紘院長が、初めて代理出産の実施を公表し（二〇〇一年）、社会に対して問題提起を行った。一方、厚生労働省や日本産婦人科学会は代理母を認めておらず、また日本学術会議は原則禁止の提言をしたが（二〇〇六年）、法整備がなされていないのが現状である。

おわりに――自己決定のはらむ問題

生命倫理は環境倫理以上に、個人の主体的判断（自己決定）が問われる領域である。しかし本当の意味で自己決定を定義することはむずかしい。特に「安楽死」のように、自律的な判断がむずかしく、しかも弱い立場に置かれた患者の自己決定には、慎重な対応が必要である。自己決定という名によって、患者の利益に反する事態が起きないという保障はない。その理由は、人間がもともと社会関係的存在であり、自己決定の中には自己利益にそぐわない、他者への気遣いが含まれるからである。

人間はもともとみずからの利益に基づいて合理的な判断が下せるほど、理性的で強い存在ではない。それだけに自己決定を実質的に可能とする条件（余計な気遣いを不要とする）の整備が重要になる。そのためには、当事者（代理人含め）だけでなく、家族、医療者などとの信頼感のあるネットワークの形成や、倫理委員会などの場での継続的議論の保障が求められる。

この問題と関連して付言しておくならば、自己決定能力を人間の本質ととらえ、「自己決定能力のない」重症心身障がい者や、重度の認知症患者などを人間のカテゴリーから排除するパーソン論は認められない。自己決定が重要であるということは、それが困難な人々の存在を排除することを意味しない。自己決定にはさまざまな態様がある。人間の能力は多元的であり、理性的な判断が困難な場合には、感覚的な反応も自己決定の範疇に入れることができるのである。それに大人と子供の線引きがむずかしいように、自己決定可能な能力の有無をどこに定めるかは、もともと簡単な問題ではない。

生命倫理のテーマにはここでは取り上げなかったが、中絶や出生前診断の問題や、遺伝子組み換え技術（バイオ・テクノロジー）による新種の食品開発などが存在する。今後、科学技術の発展によって、他にも新たな倫理問題が生まれる可能性がある。生命倫理が問われる背景には、科学技術の発展に倫理が追いついていないという現状がある。臓器移植を可能にした脳死状態にしても、生命維持装置の開発によって、はじめて生みだされた状態なのである。

一方で、二〇一二年にノーベル賞を受賞した、山中伸弥京大教授によるiPS細胞の開発によって、移植に頼らない再生医療の可能性が広がりつつある。他人の臓器によるのではなく、みずからの細胞の増殖によって、臓器を再生することができるようになれば、臓器移植にかかわる倫理問題が解決されることになる。しかしiPS細胞の応用には多額の費用がかかるとも言われている。生命倫理の将来は、まだまだ不透明というのが現状なのである。

《参考文献》

加藤尚武・加茂直樹編『生命倫理学を学ぶ人のために』世界思想社、一九九八年。

今井道夫『生命倫理学入門』第二版、産業図書、二〇〇五年。

児玉真美『死の自己決定権のゆくえ』大月書店、二〇一三年。

高谷清『重い障害を生きるということ』岩波新書、二〇一一年。

中島みち『「尊厳死」に尊厳はあるか――ある呼吸外し事件から』岩波新書、二〇〇七年。

第9章　関係的存在としての人間と自己決定

本章では、人間存在の関係性や総合的性格を重視する立場から、パーソン論を批判すると同時に、重症心身障害者の生命や人格のとらえ方、近代的主体や自己決定の意義と限界、さらにその実質化の条件などについて、リベラリズムの立場から論じることとする。成熟した自己決定は、当事者に責任を負わせることによってではなく、熟議を含め他者との多様なネットワークを媒介としてなされるものなのである。

1　重症心身障害者と人間存在の関係性

『未完の贈り物——娘には目も鼻もありません』（産経新聞出版、二〇〇一二年）はその壮絶な内容で話題を呼んだが、この本はニューヨーク在住の女性、倉本美香氏が、重い障害を負った長女の子育ての過程をつづったものである。子どもの障害の受け止め、第二子以降の出産、高額な医療費、異国での医療裁判など、夫や親族のサポートがあったとしても、彼女の頑張りには心打たれるものがある。しかもキャリアウーマンとして、アメリカでの仕事を続けながらの闘いである。

なによりも感動的なのは、著者と子ども（千璃ちゃん、当時九歳）の絆の強さである。それは手術（義眼のはめ込み）の失敗の繰り返し、発達の遅れへの取り組みなど、苦難に満ちた子育ての過程を通して深められていく。最初は娘の障害に動転した彼女であったが、今は娘をかけがいのない存在として大切にしている。この点は彼女の以下の言葉によく現れている。「私たちは千璃の誕生にはまったく疑問を感じていません。たしかに障害を知ったときには途方にくれました。でも今は千璃の障害も個性と思って普通に育てていこうと思います」（同書、一〇二頁）。出生前診断が広がりつつある現在の時代の文脈においては、大変重い言葉と言うことができるであろう。

障害者とケアする人々との絆は、この例に限られたものではない。重症心身障害者施設、びわこ学園の元園長、高谷清氏の『重い障害を生きるということ』（岩波新書、二〇一一年）には、重症心身障害者（無脳症など自己意識が確認できない重症者を含め）と、ケアするスタッフや家族との人間的交流について興味深い記述がある。

訪問看護を受けているある重症心身障害児（E君）は、看護師によって反応が違う。ある訪問看護師の足音が聞こえると、首を伸ばして待つという。看護師は一時間半ほどいろいろと話をする。E君は話の内容を理解していないのであろうが、うれしそうなのである。母親も「会話」を聞いて嬉しくなるという。

一方、的確な介護処置を行うが、本人と「会話する」ことなく、業務をすませる看護師に障害児は反応しない。母親も淋しい思いをする。高谷医師はこのことから以下のように結論する。このような例は重症心身障害者だけでなく、さまざまな障害者や高齢者介護においても同じである。「医療処置でも介護でも、『する人』が『される人』に一方向的に行うということではなく、『ケアする人』と『ケアされる人』が協力しあって、関係しあって成り立っていくものであろう」（同書、九六頁）。

二〇一二年一二月、かねて希望していたびわこ学園への訪問がかなった。高谷医師の案内で施設を見学したのだが、その時に次のようなことを経験した。高谷医師が長年診てきた年配の障害者に声をかけると、何事にも反応しなかった入所者が、氏に対しては笑顔を見せたのである。これも高谷医師と患者との長年にわたる、心のこもったコミュニケーションの賜物であろう。

2　関係性を切り捨てるパーソン論

「ケアする人」と「ケアされる人」の関係だけでなく、人が人間関係、社会関係を通して成長、発達するという事実は、古くは「人間は社会的動物である」という、アリストテレスによる人間の定義によって知られてきた。また日本には「生みの親よりも育ての親」という言葉があるが、これなども親子関係という最も重要な人間関係が、「遺伝子」よりも「子育て」を通した人間的交流によって規定されることをわれわれに教えている。

このような人間存在の関係的側面を無視することは、さまざまな矛盾を招来することになる。そのひとつの典型がパーソン（人格）論である。パーソン論の議論は簡略化すれば、以下のように整理することができる[1]。

（1）「人格」は「生命権の主体」であるが、人格であることの条件は「自己意識があること」である。
（2）「主体」に自己意識が無ければ、生命権の主体たりえない。
（3）したがって、場合によってはその「主体」から生命を奪うこともできる。

この論法に従えば、重度の障害新生児や植物状態の患者の治療停止を合理化することができるだけでなく、かれらを臓器移植のために利用することも可能になる。このような行きすぎた現実的帰結を避けるために、最小限の社会的コミュニケーションが可能な、「社会的な意味での人格」（「厳密な意味での人格」と区別して）というカテゴリーを設け、嬰児や重度の精神障害者、重度の認知症患者などの生命権を認める議論もパーソン論の立場からなされている（エンゲルハート）。しかし「厳密な意味での人格」と「社会的な意味での人格」との区別は不明確であり、後者は医療費の負担などケアする側の事情によって、どのようにでも解釈される危険がある。

パーソン論の最大の問題は、①生命権の条件を主観的であいまいな「自己意識」に限定した点にあり、さらに言えば、②生命の問題を人間関係から捨象し、個体の権利の問題に限局している点にある。その点では前節で述べた、千璃ちゃんやびわこ学園の話は教訓的である。千璃ちゃんと母親との愛情を深めたのは、献身的な子育ての努力であり、また家族・親族、医療チームをはじめ、周囲のサポートであった。またそれに応え、必死に発達しようとする本人の努力であった。このようなプロセスを経ることによって、彼女は母親にとってかけがえのない「贈り物」となったのである。

びわこ学園の入所者と家族やケアするスタッフをつないでいるのも、同じような人間関係の絆である。人間存在の関係性を捨象して個人を個体として抽出し、その個体の精神的水準（「自己意識」の有無）によって、生きる権利を云々すること自体に立論の無理があると言わねばならない。

生と死の問題は、人間関係の網の目の中で問われる問題なのである。関係性の視点でみれば、死体といえどもたんなるモノではない。親族や関係者の死者を悼む気持ちが存在するかぎり、ある意味で死者は「生きている」のである。死体が遺体と呼ばれるのはそのためであろう。死者が完全にモノになるのは、エジプトのミイラのように、関係する人間が完全に存在しなくなってからである。

障害を負った子どもだけでなく、健常児の発達も家庭をはじめさまざまな人間的、社会的要因によって決まることは、近年、社会関係資本（ソーシャルキャピタル）の理論が改めて明らかにしたところである。どのような形で生を受けようとも、与えられた発達可能性を最大限に保障できる関係性、すなわち生きる環境の整備こそ重視されるべきであろう。事実、びわこ学園では入所者へのケアの水準が向上した結果、年間の死亡率が有意に変化したというデータもある。

3　パーソン論の一面的人間理解

パーソン論のもうひとつの問題として、人間精神の一面的とらえ方がある。パーソン論では、精神を感覚や感情と理性に機械的に二分した上で、理性をより高次の精神機能として評価する。ここには二つの問題がある。第一に、精神を二元的に区別できるかどうか、第二に、はたして理性は感覚や感情より高次な機能なのか、という問題である。

最初の論点について言えば、感覚と理性は一つの精神の機能として統合されており、機械的に区別できるものではない。われわれは感覚や感覚器官（身体）によって外界や他者とつながり、またそのことによって、生命を維持しているのである。理性の役割は、そのような感覚の機能をより普遍化し、高次化するところにある。

第二の論点について言えば、人間関係の絆が愛情のような感情によって成り立っていることを見ればわかるように、感情は社会的存在としての人間精神の最も大事な機能であることを、指摘しなければならない。人々を結びつける愛は、感情であって理性ではない。もちろん経済世界におけるように、合理的計算によって支配される、打算的人間関係が存在することも事実である。しかし人間関係の基軸をなすのは、家族をはじめ愛情で結ばれた共同体である。このような世界では、経済計算を超えた人間関係の絆が成立している。またわれわれはそのような共同体的人間関係の中で成長し、また人間への信頼感や生き方を学ぶのである。

問題は行きすぎた市場社会化の波が社会全体を覆う中で、人間関係を利害関係中心に、また人間を経済的価値との関係でとらえる風潮が拡大したことである。パーソン論が、そのような時代の特性と関係した思想であることは、容易に想像できる。というのは、この理論は経済的価値を生まない生命を、あるいは経済的に負担のかかる生命を切り捨てるために、最も都合のいい思想だからである。

4　関係性と主体——リベラリズムの立場から

この点との関係で、ある論者はパーソン論が想定する人間像は、自己の利害を合理的に判断でき、他者との関係を自立した個と個の関係としてとらえる近代的市民像であると論じている（田村公江「パーソン論をめぐる使用上の注意」、加藤尚武・加茂直樹編『生命倫理学を学ぶ人のために』所収）。しかし、このような個人像が、近代市民社会のモデルとして存在していることは事実であるとしても、近代個人主義がパーソン論を支持するものでないことも、強調しておかねばならない。

近代的個人のルーツは、カントやデカルトまで遡ることができる。近代思想の原点が、個人の主体性、自律性の強調にあることは論をまたない。「近世哲学の父」と呼ばれるデカルトは、彼の哲学の第一原理に「われ思う、故にわれ在り」という命題を据えた。自己の存在は「考える」という精神の作用によって、はじめて確認されるわけである。

カント哲学における自律性も、デカルトの問題意識と通底している。客観は主観によって構成されるという「構成主義的認識論」、また人間は感性的要求から独立に、道徳律に従うときにのみ道徳的であるという「義務の倫理学」は、近代主体主義の極致とみることができる。また現代における正義論の旗手、J・ロールズは、自己の便益を合理的に判断できる理性的主体を、正義にかなう社会契約の主体と考えた。

かれらの思想の中核に共通して存在するのは、自立した理性的主体である。それはとりあえず、社会的関係を客体化する「孤立した主体」としてとらえられる。このような主体像の抽象性が、M・サンデルのようなコミュニタリアンによって批判されていることは、政治哲学の世界ではよく知られている。ここではこの点については触れないが、ただリベラリストの一人として、関係性を価値あるものにするためには、個人の主体性の確立が前提となることを強調しておきたい。この点があいまいになると、人は共同体的人間関係に埋没し、みずからの個性の発現や人権の行使が不可能になるからである。

デカルトによる近代的自我の確立の本来的意義はこの点にある。彼はそのことによって、古い学問や秩序という負の「関係性」を否定する、精神的立脚点を確立したのである。人間は本質的に関係的存在であるが、同時に、「古い関係」を乗り越え、「新しい関係」を構築する創造的主体でもある。カントの自律的主体も、「目的の王国」というヒューマンで理想的な人間関係構築のための条件なのである。

自己意識の欠如をもって生命を切り捨てるパーソン論と、理性的主体の確立によって、より人間的な近代社会を築こうとする思想とでは、発想の土台が根本的に異なっているのである。つけ加えて言えば、ロールズの正義論は個人の自由を最重要視すると同時に、分かち合いの心を具体化した「格差原理」を含んでいる。この原理によれば、恵まれた者の立場は、弱者の立場を改善する場合にのみ許される。社会的連帯の精神は、現代リベラリズムのもうひとつの柱なのである。

5　残された課題——関係性と自己決定

もともとパーソン論は、アメリカでは妊娠中絶に際して女性の自己決定権を擁護する議論として登場した経緯がある。胎児は自己意識を持たないから、中絶は許されるというわけである。中絶の問題は、アメリカでは同性婚の問題と並んで重要な政治的課題であり、リベラル派がこれを擁護していることは周知のとおりである。リベラル派の考えには、個人の自己決定を尊重しようという問題意識がある。パーソン論がまちがいであるとしても、しばしば個人の自己決定と対立する生命絶対主義（厳格なキリスト教に代表される）が正しい、というわけではない。

尊厳死の議論でも、リビングウィルの概念が示すように、自己の生命に対する決定権が重視される傾向が強まっている。生命の尊重と自己決定権の尊重という二つの相反的命題の折り合いをどうつけるか、さらに自己決定がむずかしい重症心身障害者の生命をどう考えるか、これがわれわれに残されたもうひとつの課題である。

リベラリズムを立脚点とするわたしの考え方の基本は、自立的主体と自己決定を重視すべきというものであるが、同時に自己決定を実質化するために、そのあり方を厳しくチェックすべきというのも、わたしのもう一つの立場である。このような立場から、まず重症心身障害者の問題を取り上げる。この問題でまず強調すべきは、いかなる状態にあれ、生命の尊厳は最大限守られるべきである、という点である。自己意識が確認できなくても、したがって自己決定が不可能でも、生きているかぎり快の感覚はあるはずである。そのかぎりにおいて、快を感じることのできる主体の利益は、尊重されなければならない。それだけでなく、主体の状態を改善するために、さまざまな努力や工夫が重ねられるべきである。

「自己意識」が確認できないからといって、他者にそのような生命を断つ「権利」を認めることはできない。それは殺人以外の何ものでもない。その点では、重症心身障害者の置かれた状態は、激しい肉体的苦痛にさいなまれ、死期が近い患者の状態（「安楽死」の選択が問題となる）とは決定的に異なっていることを確認すべきである。

現在の日本では、臓器の確保のために脳死者の意思の確認を軽視する傾向が支配的になりつつあるだけに（二〇〇九年「改正臓器移植法」）、この点は特に強調されるべきである。このような危険を避け、彼らの立場を改善するために、重症心身障害者の利益を代表し、その権利を守る代理人制度を検討する必要がある。代理人制度は当該者の自己決定をサポートするものであるが、現に認知症患者の場合には、すでに後見人制度が機能している。

さて最後に、自己決定の条件について述べておこう。この点でなによりも問われるのは、自己決定が本当に自由な環境でなされたか否か、また当事者の不本意な「自己決定」を強いる環境にあったか否かである。フィリピンでは、貧困者が困窮の果てに腎臓を売り渡す悲惨な現実が存在するが、このような貧困者の選択が、自由な意思によるものでないことは言うまでもない。それはむしろ貧困による強制と言うべきであろう。

尊厳死問題でも、当事者の自己決定の中身、すなわち本当に患者が望んだ死であるのか、厳しいチェックが求められる。何年か前にＮＨＫが、重い障害を負った一八歳の女性の尊厳死問題を取り上げ話題となった（「クローズアップ現代」）。彼女は腎臓透析を受けなければ生存ができない状態に置かれていたが、本人はこれを拒否し、みずから死を選んだのである。

しかし彼女の「自己決定」には問題を感じさせるものがあった。その中には、医療費をはじめ家族の負担に対する配慮も含まれていた、と思われるからである。だとすれば、家族との関係性が一人の生命の維持にとって負の役割を果たしたことになる。自己決定を実質化するには、当人と家族を追い込むような、マイナスの判断材料を極小化していくことが重要である。また具体的レベルでは、医療者や家族との十分な意思疎通、相互理解も当人の自己決定を実質化していくために不可欠である。自由な自己決定への道は、まだまだ遠いと言うべきなのであろう。

（1）トゥーリの議論から。なおパーソン論の理解には、今井道夫『生命倫理学入門』（産業図書、二〇〇五年）、加藤尚武・加茂直樹編『生命倫理学を学ぶ人のために』（世界思想社、一九九八年）が役に立つ。

第10章　環境問題が成熟社会に問いかけるもの

大量のエネルギー消費や原子力の開発は経済成長を可能としたが、その結果、地球温暖化問題や原発事故など、環境問題が深刻化した。温暖化の進行は、異常気象や生態系の破壊などをはじめさまざまな被害をもたらしており、人類の将来のために解決されるべき共通の課題として、待ったなしの状態にある。さらに東日本大震災時の福島の原発事故は、原子力利用の危険性と人間による自然の技術的支配の限界を、広く日本人に教えることになった。原子力に代わる自然エネルギーの開発は、安全な社会のための基本的前提なのである。その意味で、環境学の課題である「持続可能な社会」は、人類がめざすべき共通の目標となっている。

それだけでなく、環境問題の深刻化はこれまでの社会と人間のあり方、それに人間と自然との関係、さらにその前提となる人々の価値観の見直しを求めている。このことは、本書のテーマである社会や人間の成熟を、自然環境の立場から求めることを意味している。

1　環境問題が求める民主主義と権利概念の問い直し

近代的制度とその前提の問い直し

環境問題の解決のために、これまで以下のような三つの方法が上げられてきた。

①科学技術的方法（自然科学的視点）
②法的、制度的方法（社会科学的視点）
③生活スタイルの見直し（環境倫理的視点）

①は車の燃費の向上のために電気自動車を開発したり、自然エネルギーを開発することによって、エネルギー問題や温暖化問題を技術的に緩和しようとするやり方であり、②はたとえば、環境税などの導入により、二酸化炭素（CO2）の排出を抑制しようとするやり方である。①や②の方法が重要であることは言うまでもないが、環境問題の深刻化、特に原発事故の悲惨な影響は、近代的諸制度と人々の生活スタイル、それにその前提をなす価値観の見直しを求めている。それが③の方法であり、それをさらに発展させることである。ところで環境破壊を

もたらした近代の性格を、われわれはどのようにとらえたらよいのであろうか。その最大の特徴は、それが現在世代の福利を最大化することを目的としており、未来世代への配慮を欠いているという点にある。あるいは無意識のうちに、現在世代の幸福がそのまま未来にも引き継がれる、という楽観主義の立場に立っている点にある。

しかし、このような楽観主義が成り立たないことは明らかである。現在世代が原子力の利用により、無害化に十万年以上かかる放射性廃棄物を残すことは、後の世代に大きなツケを回すことになるし、また化石燃料の有限性が確認されている中で、資源を現在世代が使い切ることは、未来世代からエネルギー源を奪うことになるからである。その意味では、現在世代と未来世代との利害は、「一方が得すれば、その分、他方が損をする」という「ゼロサム・ゲーム」の関係にある。にもかかわらず、近代社会は現在世代の利益を中心に組み立てられており、現在世代のエゴイズムを抑制し、未来世代の利益を担保する制度を欠いているのである。環境倫理学者の加藤尚武氏は、このような近代制度の矛盾を以下のように表現している。

「資源枯渇も、環境破壊も、ともに現在世代による未来世代の生存可能性の破壊である。これは人類の歴史上、奴隷制度とか、大量殺人とか、さまざまの犯罪が行われたなかでもっとも悪質な犯罪なのである。……ところが民主主義的な決定方式は、異なる世代間にまたがるエゴイズムをチェックするシステムとしては機能しない。構造的に民主主義は共時的な決定システムであり、地球環境問題が通時的な決定システムを要求しているからである。」

表1　近代倫理から新たな環境倫理へ

近代倫理が前提とする関係	現在世代←→現在世代
環境倫理が求める新たな関係	①現在世代←→未来世代 ②人間←→動物・自然
問い直されるべきテーマ	人権（個人主義） 民主主義 近代的ライフスタイルと価値観

権利概念の再検討

環境倫理がわれわれに課すのは、このような世代間倫理にかかわる問題だけではない。環境倫理のもうひとつのテーマに、動物・自然の「権利」の問題がある。哲学者のJ・ベンサムは、動物は快苦の感受能力を有しており、やがてかれらに「権利」を付与する日が来るであろうと述べているが、権利の歴史が社会的弱者への拡大にあることを考えるならば、これまで人間にとって手段的価値にすぎなかった動物・自然への権利の拡張を、荒唐無稽な主張として切り捨てることはできない。動物の「権利」を、文字通り人間のそれと同一視できないことは言うまでもないとしても、動物権利論が環境倫理の立場から、近代的人間中心主義の問い直しを求めていることは、否定できない。

このことはこれまで、国家権力や社会的抑圧から個人を解放する「切り札」として位置づけられてきた権利概念に、環境や人間以外の生命への配慮の視点をつけ加えることを意味している。日本の憲法に即して言えば、それは第一三条における「個人の尊厳」と「幸福追求の権利」を、地球環境擁護という条件と調和させることでもある。このように考えると、環境問題の深刻化が近代的権利や民主主義の問い直しを通して、①

現在世代と未来世代との関係、さらに②人間と動物・自然とのあるべき関係を、新たに構築することを求めていることがわかる。理解を容易にするために、これまでの議論で問題となる関係とテーマを、**表1**に整理しておこう。

2　環境問題が求める新たな人間像

環境問題と成熟した人間像

　環境問題の深刻化が求める、これまでの生活スタイルに代わる新しい生活スタイルとは、どのようなものであろうか。またその主体である、環境調和型の人間とは、どのような特徴を有する存在なのであろうか。ここでは後者を論じることとするが、それは環境論的観点から、成熟した人間のあり方を問うことでもある。そこであらかじめその特徴を、以下に上げておくことにする。

①歴史から切り離された個人主義の否定
②物質的快に対する、精神的快の優位
③個人的動機に対する、社会的動機の優位

④公共的業務への参加の重視
⑤現在だけでなく、未来世代の利益への配慮の重視

①の特徴は、環境問題を考える際の、最も基本的な人間的前提である。環境調和型人間は、過去の負債や未来の課題をみずからのものとして引き受ける、責任ある個人でなければならない。現在の自己の便益のみを追求し、その結果に無頓着な人間からは、環境に対する問題意識は出てこない。この点は戦争責任にも当てはまる。過去の世代の行為に対して責任を負わないことは、未来に対する無責任を意味するのである。

ついで②であるが、環境破壊をもたらした物質文明中心主義の前提には、物質的欲求の充足を人間の本質と考える、功利主義的人間観が存在した。個人的所有と物質的欲求の充足こそ、大量生産、大量消費によって成り立つ、近代の資本主義市場経済にかなった人間像であったわけである。しかし一定の物質的生活水準の確保は、新たな欲求を生み出すことになる。人間は、物質的快の充足で満足する存在ではないからである。

J・S・ミルは「太った豚（物質的快）よりも、痩せたソクラテス（精神的快）」という言葉を残したが、これは決して倫理的要請ではなく、物質的快と精神的快の双方を知った普通の人間は、後者を選ぶという人間性の事実を評価したものである。自己実現の心理学者、A・マズローは、低次の欲求が満たされれば、より高次の欲求が現れると説いたが（欲求の階層性）、

現代の生活水準は、より高次の欲求が現れる一般的条件を提供しているのである。精神的快を重視する人間が、環境調和型の人間であることは、たとえば、大きな車でドライブすることに喜びを感じる人間よりも、読書やハイキングに喜びを見出す人間の方が、より環境に負荷をかけないことからも明らかであろう。

③の特徴は②と結びついている。すなわち社会性豊かな人間は、精神的快を重視するということである。というのは、精神的快は人間の社会性と深く関係しており、精神的快のかなりの部分は、人とのコミュニケーションや協働から生まれる喜びだからである。加えて重要なことは、人との関係性を重視することが配分の圧力を低下させる、という事実である。たとえば家族関係のように、人との関係が密になればなるほど、人間は負担を人と分かち合おうとするものである。逆に人間関係が疎遠になるほど、自己利益を排他的に主張する傾向がある。したがってグローバルなレベルで人々のつながりか強まれば、それだけ負担配分（たとえばＣＯ２の排出削減）の合意が得やすくなるであろう。グローバル化がさまざまな矛盾を伴うことは周知のことであるが、同時に国境や人種を越えた連帯の条件を提供していることも確認しておきたい。

⑤の特徴は、①～④の特徴を総括する、環境調和型人間の特徴であるが、特に③と深く関係している。人間はその社会的本質からして、自分の愛する人の幸せを自分のことのように感じるものであるが、最も身近な社会関係である、子どもや孫を大事にする意識をさらに未来へと

拡張していけば、未来に対する責任感が自然に生まれるであろう。その結果、未来世代に放射性廃棄物のような、現在世代の負の遺産を押しつけることを避けるであろう。このように未来世代への責任は、人間の社会性や愛の感性と密接に結びついており、そのような感性の拡大が、環境問題の解決の人間的条件となっているのである。

環境問題と参加

④の参加の問題は、やや複雑な含意を有しているので、別途論じることとする。環境問題は他の分野にもまして、人々の主体的参加を求めている。「リオ宣言」や「オーフス条約」(一九九八年)では、環境政策における市民参加が規定されているが、その理由はどこにあるのだろうか。

大規模化した近代国家の政治は代議制抜きには考えられないが、国家の不効率や政治家への不信が市民の政治参加を求めていることは、周知の通りである。環境問題についても、福島の原発事故をきっかけとする、科学技術(者)に対する信頼の低下が、環境政策への市民の参加を求めており、その点では、政治参加と似た状況がある。ただ異なるのは、原子力利用は人類全体の生存に関わる点で、参加がより重要な意味を持つという事実である。

それだけではない。一人ひとりの環境問題への取り組みは、政策決定だけでなく、環境問題の根本的な解決のための条件である。というのは、環境問題の解決は、一人ひとりの生活スタイルと価値の見直しを求める点で、各人に課せられた課題であり、国家を含め他者に解決を委ねることによって、すべて解決する問題ではないからである。しかもそのことは、個人にかなりの負担を与えることになる。それはたとえば、リサイクルのためのゴミの分別に手間がかかること、また自動車の使用を控え、公共交通機関を利用することが、身体的不便を伴うことなどを考えればわかるであろう。

　しかし参加はたんなる義務ではない。公共的業務への参加は負担を伴うが、同時に社会性豊かな人間は、負担を通して協働や創造の喜びを感じるものなのである。たとえば原子力や化石エネルギーに代わる循環型エネルギー（太陽光、風力、小水力発電など）の事業化は、しばしば市民によって担われるため、事業的リスクを伴うが、そのことが逆に、人まかせでは得られない、参加と成功の喜びを生み出すことになる。このように環境問題は、参加をいとわない、より成熟した人間像を、その解決のために求めているのである。

　しかし考えてみれば、これまで述べてきた環境に優しい人間の特徴は、特別なものではなく、人間の自然な姿のうちに備わっているものである。それゆえ大事なことは、所有と消費欲をいたずらに刺激する文化から、自律性と社会性を本質とする、人間本来の姿を護ることであり、それを社会的、公共的業務への参加を通して、発展させることなのである。

デカルト的人間像の見直しと残された課題

環境問題はたんに個人の生活スタイルの見直しにとどまらず、その前提として存在する、自然と人間との関係を根本的に問い直すことを求めている。この問題を考えるにはデカルトにまで戻って考える必要がある。自然と人間との関係の基礎を確立したのが、近世哲学の父と呼ばれるデカルトだからである。かれは「われ思う、ゆえにわれ在り」という哲学の第一原理を通して、それまでの支配的哲学（スコラ哲学）から決別し、近代的自我の確立をはかると同時に、二元論的立場から、自然を人間に支配される客体ととらえたのであった。近代的主体性と自然の客体化とは、デカルトにおいては、いわば相補的関係にあったわけである。

近代の科学技術の根本にあるのが、このデカルト流の自然観であり、彼のこのような思想が、個人主義の確立や自然科学の発展のために、積極的な役割を果たしたことは否定できない。この点は第9章で述べたところでもある。しかし原子力エネルギーの利用を含め、自然を人間の技術的支配の対象と考える発想が、デカルト的自然観の延長上にあることも、否定しがたい。

環境問題の深刻化が、自然支配の思想の見直しと、自然と人間との新たな関係の構築を求めているとすれば、われわれは支配—被支配の関係ではない、人間と自然との新たな調和的、循環的関係を追求しなければならないであろう。その点でわれわれは、デカルト的自然観を超えることを求められているのである。なお「山川草木悉有仏性」（すべての自然物は仏性を有している）という言葉や「殺生の戒め」にあるように、自然との調和や共生を重視する日本の伝統的仏教文化が、デカルトに由来する近代的自然観とは異なること、それが新たな人間―自然関係を考える上で、思想的手がかりとなるであろうことをつけ加えておく。

ここでは主として、近代的生活スタイルや人間と自然との関係を問題としたが、重要なのは、自然の技術的支配が現代の資本主義的生産システムの産物であり、たんなる個人的価値観の問題にはとどまらない、という事実である。原子力の開発が、国家や巨大電力会社、学界からなる「原子力ムラ」によって推進されてきたことを考えるならば、個人の生活スタイルや近代的価値観を問うと同時に、このような環境破壊的な利益本位の部分社会に、メスを入れることが求められている。その意味では、環境問題は環境倫理や技術者倫理だけでなく、本書第Ⅰ部で論じた、組織論をふまえたよりマクロ的な視点で語られるべき問題でもある。

補論――温暖化防止の負担の配分を考える

地球温暖化の現状は深刻であるが、その解決策は先進国の歴史的責任を含め、さまざまな要素をふまえて考えられる必要がある。それは複雑で困難な課題である。そこでこの問題については、別途、補論で論じることとする。

地球温暖化問題と責任の明確化・化石資源の有限性は、配分問題をより厳しいものとする。

成長状態ではパイの拡大によって、配分の圧力は緩和されるが、資源の限界は配分問題を深刻化するからである。たとえて言えば、飢餓状態における人々にとって、一つしか存在しないリンゴの配分をどうするかが、死活問題であるようなものである。J・S・ミルは将来訪れるであろう、経済成長の停止状態における社会の課題のひとつとして、人口問題とともに配分問題を上げたが、環境問題ではこれらの問題がより厳しく、むずかしい形で現れる。その理由は、途上国が経済発展をめざしており、これまで以上の資源消費や原発の開発が予想されるからである。そのような状態における未来世代への責任が、より厳しい課題となることは明らかであろう。

未来世代への責任を語る前に、明確にしておくべき問題がある。それは、現在世代間における責任の配分である。環境問題を人類共通の課題であると簡単に言い切ることはできない。温暖化を例に上げるならば、図1・表2にあるように、CO_2の排出量（化石燃料の使用量）には、国によって大きな差があることがわかるが、このことは温暖化防止の課題において、先進国の責任が大きいことを示している。

宇宙船地球号という言葉があるが、同じ船の中に不平等や不合理な格差が存在する場合には、乗組員がひとつの目的に向かって協働することはできない。その点では、国家間、地域間の責任の差が大きい環境問題では、資源問題に関わる国際的な配分的正義の確立が重要である。その際、配慮されるべき重要な課題を以下に整理しておく。

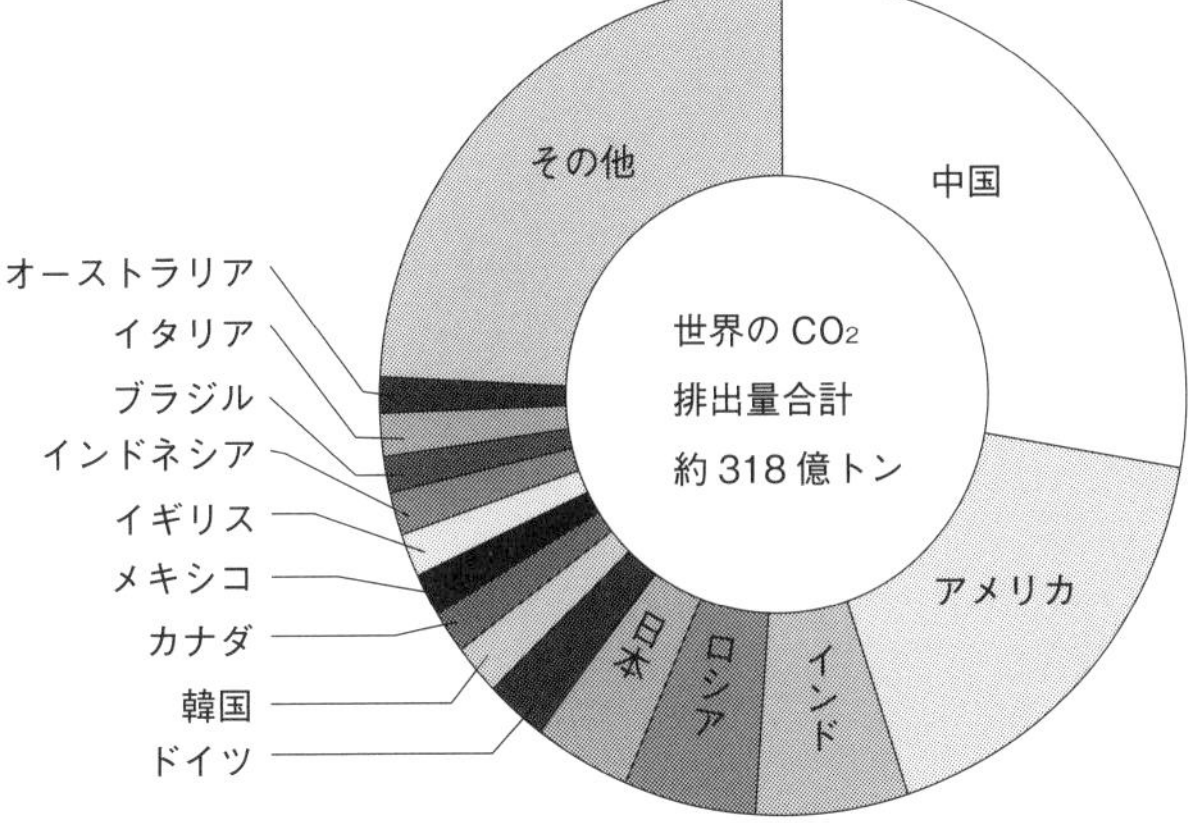

図1　CO_2 排出量の国別割合（2011 年）
出典）EDMC『エネルギー・経済統計要覧』2014 年版。

表2　CO_2 排出量の国別割合（2011 年）

	世界に占める排出量割合（%）	1人当たり[1] 排出量（トン）	1人当たり[1] 順位
中国	26.9	6.19	52
アメリカ	16.6	17.56	9
インド	5.7	1.67	109
ロシア	5.3	12.23	15
日本	3.7	9.19	27
ドイツ	2.2	9.11	28
韓国	1.8	11.49	18
カナダ	1.4	14.63	13
メキシコ	1.4	3.76	77
イギリス	1.4	7.93	34
インドネシア	1.3	1.80	107
ブラジル	1.3	2.15	99
イタリア	1.2	6.72	45
オーストラリア	1.2	16.91	11

1）1人当たり排出量は 2010 年。World Bank。
出典）EDMC『エネルギー・経済統計要覧』2014 年版。

①地球温暖化問題における先進国の責任が大きいこと。
②その責任に応じた負担が考えられるべきこと。
③その際、歴史的（通時的）視点が組み入れられるべきこと。

これらの課題はすでに国際的な共通認識となっており、一九九二年のリオサミット時の「リオ宣言」「気候変動枠組み条約」以来、「共通ではあるが差異のある責任」（Common but Differentiated Responsibility）の原則として確立している。温暖化の主要な責任は、原因物質のCO2をこれまで大量に排出してきた先進国にある、という合意があるからであり、二〇一二年までのCO2削減目標（京都議定書、一九九八年）において、途上国が排出削減の義務を免除されていたのは、そのためである。

しかし図1・表2で見たように、排出削減の義務を負わなくてもよい中国が、すでに世界一のCO2排出国になっており、インドも排出量を拡大させてきている現状では、途上国の参加は不可欠である。現在、条約の締約国会議（COP）では、途上国を加えた削減目標の策定が検討されているが、そのためにも途上国が納得することのできる、負担配分の公式の確立が急がれるのである。つけ加えていえば、京都議定書からいち早く離脱した、アメリカの責任が大きいことは言うまでもない。

負担配分のいくつかの公式

負担の配分でまずふまえるべきは、①の点であり、特に温暖化によって水没の危険がある南洋諸島の国々に対しては、「加害者責任の原則」の立場から、先進国側の責任ある対応が求められる。みずからはCO2をわずかしか排出していないにもかかわらず、その被害を受けることは公害と同様、不合理な話だからである。

ついで問われるのが、②の問題であるが、これについてはいろいろな考え方がある。たとえばこれは環境団体「地球の友」の提案であるが、地球が許容しうる環境容量（Environmental Space）の考え方に基づいて、一人当たりの年間CO2排出量（一・七トン）を決め、これを人口に応じて各国に割り当てる、というのもそのひとつである。これとは別に、国民所得に応じて炭素税を各国に課すという経済学者、宇沢弘文氏による比例的炭素税の提案がある。これは「正とは比例的である」という、アリストテレス以来の配分的正義の原則にかなった考え方である。

ただこれらの提案がはらむ決定的問題は、通時的視点を欠いているという点である。そこで先進国の歴史的責任を変数として加味した、新たな配分の公式が提案される必要がある。これが③の課題である。かつてブラジルは京都会議で、産業革命をいち早く成功させたイギリスに対して、八〇%以上のCO2削減を求めたことがある。これはやや極端な主張ではあるが、問題の本質をとらえていることはまちがいない。

以上の課題は、過去世代の責任を正義にかなう形でいかに配分するか、という問題であるが、同時にこの問題の解決が、地球環境をよりよい形で未来世代に残すための条件であることをつけ加えておく。過去の責任を無視して、未来を語ることはできないからである。

《参考文献》

加藤尚武『環境倫理学のすすめ』丸善ライブラリー、一九九一年。
P・シンガー『動物の権利』技術と人間、一九八六年。
A・マズロー『人間性の心理学』産能出版、一九七二年。
宇沢弘文『地球温暖化を考える』岩波新書、一九九五年。
尾関周二『環境思想と人間学の革新』青木書店、二〇〇七年。
亀山純生『環境倫理と風土』大月書店、二〇〇五年。
岩佐茂・高田純『脱原発と工業文明の岐路』大月書店、二〇一二年。
高木仁三郎『原発事故はなぜくりかえすのか』岩波新書、二〇〇〇年。
杉田聡『「3・11」後の技術と人間』世界思想社、二〇一四年。
島崎隆『エコマルクス主義』知泉館、二〇〇七年。
デカルト『方法序説』岩波文庫、一九九七年。

あとがき

本書は昨年一〇月に上梓した、『成長国家から成熟社会へ――福祉国家論を超えて』（碓井敏正・大西広編、花伝社）の続編的な意味を有する書である。前編著ではサブタイトルにもあるように、福祉国家論の批判を主眼として、成長社会後のゼロ成長社会における社会戦略や運動論を全般的に論じたが、本書では主として、第Ⅰ部で「組織の問題と運動のあり方」を、第Ⅱ部で「人間の問題」を論じている。Ⅰ部とⅡ部は密接に関連している。というのは人間の成熟がなければ、組織や運動の成熟はないからであり、組織や運動の成熟は人間を成熟させるからである。その点で両者は、相互補完的関係にある。しかしそれぞれが相対的に独立したテーマであることも事実なので、関心のある章から読んでいただいて結構である。

これまでわたしは革新運動の課題として、さまざまな領域で社会の成熟化を進めることの重要性を主張してきた。本書の中心的テーマのひとつは組織論であるが、その理由は、高度に組織化が進んだ現代社会で最も成熟が遅れているのが組織だからである。なかでも今回、革新組織の組織論や運動論を中心に論じたのは、社会の成熟を進める上で革新組織や運動の役割が大きいにもかかわらず、他の市民社会組織にくらべても成熟が遅れている、という認識からである。

戦後七〇年を前に、安倍政権の政治戦略（戦後レジームからの脱却）によって日本の右傾化が進み、現在の日本が岐路に立たされていることは、多くの日本人が危惧しているところである。その理由のひとつには、右傾化に対抗する戦後の民主勢力が、全体としてみれば先細り状態にあるという現実がある。昨年の総選挙で共産党は大きく躍進したが、組織自体の主体的力量では後退しており、現状では、今後も革新政党の役割は限定的なものにとどまる、と言わざるを得ない。しかし政治社会から市民社会に目を移せば、人権意識や民主主義感覚、人々の価値観など、成長時代とは異なり、その成熟度が増しつつあるという進歩的な現実が存在する。このことは、政治の世界と市民や市民社会との乖離が大きいことを示している。それは改憲や原発に対する国会議員と市民との考え方の違いの大きさや、選挙における投票率の低さなどを見ればわかるであろう。

このような政治と市民社会との乖離は、逆に見れば、革新政党の可能性を示唆するものでもある。この問題にかかわって次のようなデータがある。昨年一二月の総選挙の際のある調査では、投票に行かなかった無党派層の四七％が、仮に投票に行っていたとすれば、共産党に入れていたと回答しているという（ちなみに自民党は二六％）。投票に行かなかった理由はさまざまであろうが、そのひとつに、共産党の体質に対する違和感と疑問があることは、容易に想像できる。共産党が人事や政策決定での透明度をこれまで以上に増し、真に議論を大事にする、実質的な意味で民主的な政党へと脱皮すれば、無党派層の支持を獲得することによってさらに躍進し、自民党に対抗する勢力へと成長していくことも可能であろう。その意味で今は共産党にとってチャンスの時なのである。

しかしこのような共産党のノビシロを現実化させるには、組織の思い切った自己改革が必要である。しかしそれは容易な課題ではない。本書はなぜそれが容易な課題ではないのか、また国民、市民に信頼され、その期待にそえる組織へと脱皮していくため何が求められているのか、といった点についてやや踏み込んだ分析と提案を行った。経営学においては、組織論は中核的位置を占めているが、革新政党の組織論はこれまで聖域とされ、組織を対自化し、科学的分析の対象とすることは避けられてきた。しかしこのような作業抜きに、革新勢力とその運動の今後の発展はないであろう。これを機にこの領域でも、活発な議論が起きることを期待したい。

以下に、本書に収められている各論文の初出を示しておく。なお内容の改変、修正により、原題は変えた場合がある。第8章はかなり手を入れてはいるが、すでに既発行の著書に収められている論文である。再録を許していただいた文理閣の黒川富美子代表には、改めてお礼を申し上げたい。

序章　成熟社会――書き下ろし。

《第Ⅰ部　成熟社会における組織と運動》

第1章　時代にこたえる組織と運動――書き下ろし。
第2章　組織と人間の問題――『現代と唯物論』五〇号、二〇一二年一〇月。
第3章　護憲運動と革新組織の再生――『季論21』二〇一三年秋号（二二号）。
第4章　民主的教育運動の活性化を考える――『大学評価学会年報』九・一〇合併号、二〇一四年。
第5章　道徳教育の教科化と対抗戦略――『ひろば・京都の教育』一七八号、二〇一四年五月。
第6章　福祉国家から福祉社会へ――『経済科学通信』一三一号、二〇一三年五月。
《第Ⅱ部　成熟社会の課題と人間》
第7章　成熟社会における表現の自由――『人権と部落問題』二〇一五年二月号（八六七号）。
第8章　生命倫理と自己決定――『成熟社会における人権、道徳、民主主義』文理閣、二〇一〇年、所収。
第9章　関係的存在としての人間と自己決定――『人権21』二〇一三年二月号（二二二号）。
第10章　環境問題が成熟社会に問いかけるもの――書き下ろし。

最後になったが、本書の出版を快く引き受けていただいた、花伝社の平田勝社長、また編集の実務をこなすだけでなく、適切なアドバイスをしてくれた友人の柴田章氏に、この場を借りてお礼を申し上げたいと思う。本書が戦後の平和と民主主義の伝統の発展と、革新勢力の成長と活性化のためにささやかな貢献ができれば、その役割は達せられたというべきであろう。

二〇一五年三月

碓井　敏正

碓井　敏正（うすい・としまさ）

1946年、東京都生まれ
1969年、京都大学哲学科卒業
1974年、京都大学大学院博士課程哲学専攻修了
専攻　哲学
現在　京都橘大学名誉教授

主著（単著）
『自由・平等・社会主義』（文理閣、1994年）
『戦後民主主義と人権の現在』（部落問題研究所、1996年。増補改訂版2001年）
『日本的平等主義と能力主義、競争原理』（京都法政出版、1997年）
『現代正義論』（青木書店、1998年）
『国境を超える人権』（三学出版、2000年）
『グローバル・ガバナンスの時代へ』（大月書店、2004年）
『グローバリゼーションの権利論』（明石書店、2006年）
『人生論の12週』（三学出版、2007年）
『格差とイデオロギー』（大月書店、2008年）
『成熟社会における人権、道徳、民主主義』（文理閣、2010年）
『革新の再生のために――成熟社会再論』（文理閣、2012年）

編著
『グローバリゼーションと市民社会』（文理閣、望田幸男氏との共編、2000年）
『ポスト戦後体制への政治経済学』（大月書店、大西広氏との共編、2001年）
『教育基本法「改正」批判』（文理閣、2003年）
『格差社会から成熟社会へ』（大月書店、大西広氏との共編、2007年）
『成長国家から成熟社会へ――福祉国家論を超えて』（花伝社、大西広氏との共編、2014年）

成熟社会における組織と人間

2015年3月25日　　初版第1刷発行

著者 ―――碓井敏正
発行者――平田　勝
発行 ―――花伝社
発売 ―――共栄書房
〒101-0065　東京都千代田区西神田 2-5-11 出版輸送ビル 2F
電話　　　03-3263-3813
FAX　　　03-3239-8272
E-mail　　kadensha@muf.biglobe.ne.jp
URL　　　http://kadensha.net
振替　　　00140-6-59661
装幀 ―――三田村邦亮
印刷・製本―中央精版印刷株式会社

ISBN 978-4-7634-0734-4 C0031

成長国家から成熟社会へ
—福祉国家論を超えて—

碓井敏正・大西広［編］
（本体価格 1700 円＋税）

●変容を迫られる対抗戦略
資本主義の最終段階としてのゼロ成長社会。地滑り的に変化する政治、経済、国際関係の下、問われる、福祉、地方自治、労働組合運動、革新運動のあり方、ジェンダー、ライフスタイル……。

途方もない財政赤字を直視し、国まかせではない、社会の底力を発揮できる成熟社会の実現にむけて。